COMO CRIAR FILHOS TIRANOS

Dados Internacionais de Catalogação na Publicação (CIP)
(Câmara Brasileira do Livro, SP, Brasil)

Beyebach, Mark
Como criar filhos tiranos : manual de antiajuda para pais / Mark Beyebach, Marga Herrero de Vega ; tradução de Guilherme Summa. – Petrópolis, RJ : Vozes, 2017.

Título original : Cómo criar hijos tiranos – Manual de antiayuda para padres de niños y adolescentes.

ISBN 978-85-326-5449-6

1. Adolescentes – Educação 2. Disciplina infantil 3. Pais e filhos I. Herrero de Vega, Marga. II. Título.

17-02583 CDD-158.24

Índices para catálogo sistemático:

1. Pais e filhos : Relações familiares : Psicologia aplicada 158.24

MARK BEYEBACH
MARGA HERRERO DE VEGA

COMO CRIAR FILHOS TIRANOS

Manual de antiajuda para pais

Tradução de Guilherme Summa

EDITORA VOZES

Petrópolis

Título do original em espanhol: *Cómo criar hijos tiranos – Manual de Antiayuda para Padres de Niños y Adolescentes*

Direitos de publicação em língua portuguesa – Brasil:
2017, Editora Vozes Ltda.
Rua Frei Luís, 100
25689-900 Petrópolis, RJ
www.vozes.com.br
Brasil

Editoração: Flávia Peixoto
Diagramação: Sheilandre Desenv. Gráfico
Revisão gráfica: Nilton Braz da Rocha
Capa: Renan Rivero
Ilustração de capa: Arianne Faber

ISBN 978-85-326-5449-6 (Brasil)
ISBN 978-84-254-3184-5 (Espanha)

Editado conforme o novo acordo ortográfico.

Este livro foi composto e impresso pela Editora Vozes Ltda.

Às famílias que nos procuraram em busca de auxílio e que tanto nos ensinaram sobre como lutar com determinação e esperança pelo futuro de seus filhos.

Sumário

Prefácio

Este livro – que é um bom livro, não se deixe enganar pelos autores, caro leitor – é, todo ele, um conjunto de "paradoxos", termo que o dicionário da Real Academia Espanhola, instituição que corrige, depura e abrilhanta a língua, define como: a) "ideia estranha ou oposta ao senso comum e ao sentimento das pessoas"; b) "afirmação inverossímil ou absurda, que se apresenta com aparência de verdade", e c) "figura de pensamento que consiste na utilização de expressões ou frases que envolvam contradição".

Claro que não é paradoxal por seu conteúdo, que expõe verdades contundentes (expressão, aliás, muito adequada ao livro que comento), mas sim porque, como é evidente, ele nos diz o que se deve fazer para conseguir que os nossos filhos sejam como não queremos que sejam; enfim, uma das melhores maneiras de aconselhar o que evitar e o que é necessário fazer, o oposto do que é dito neste livro aparentemente escandaloso.

Se você entendeu o parágrafo anterior, complexo apenas na aparência, já está situado na estratégia que estes autores seguiram para provocá-lo (levá-lo a pensar e a questionar a educação que damos aos nossos filhos e alunos).

Mark Beyebach e Marga Herrero, como tantos terapeutas sistêmicos, são especialistas em destacar as contradições do comportamento humano, especialmente dentro do grupo familiar. Para dar apenas um exemplo: queremos evitar manhas, mas treinamos as crianças a sempre recorrer a elas. Às vezes, nós nos mostramos duros e não nos rendemos às suas demandas, enquanto que, outras mais, cedemos, sabe-se lá em qual momento e por qual motivo (algumas horas e até mesmo minutos depois de as crianças terem feito manha). Assim, o que as crianças aprendem é que, se insistirem por tempo suficiente, se aumentarem a intensidade e a teatralidade, é muito provável que acabem alcançando seu objetivo. Esta é a verdadeira contradição: queremos evitar manhas e as reforçamos a intervalos imprevisíveis quanto ao tempo que levamos para ceder (reforços em intervalos de razão variável, dizem os especialistas), mas cuja lição evidente é que, se as crianças se mantiverem firmes, intensas e teatrais na birra, seu sucesso é quase garantido.

Neste livro, os autores desmontam uma a uma, de forma magistral, as estratégias que nós pais seguimos na educação dos filhos, deixando-nos literalmente sem ter o que dizer em nossa defesa e nos fazendo tomar consciência de uma infinidade de erros que cometemos; e tal consciência nos desconcerta, nos deixa perplexos e nos exorta a reagir.

É um livro carregado de experiência, já que foi escrito por dois terapeutas que há anos trabalham com famílias. Essa experiência fica evidente em cada página, nos casos propostos e, acima de tudo, na capacidade de os autores dizerem as coisas de forma paradoxal: uma arte que não é fácil de dominar e que eles possuem num elevado grau.

É também um livro cheio de humor, porque o humor é uma das melhores maneiras de expressar dramas humanos, como tão bem fez Charles Chaplin em *O grande ditador*. Nesse maravilhoso filme, Chaplin, depois de desenvolver com humor o personagem do ditador, no discurso final o faz proclamar o oposto do que ele representa, proferindo uma ode à dignidade e à liberdade. Estes dois terapeutas de família, autores deste livro, não precisam interromper a lógica de sua linguagem paradoxal, porque com a inversão eles nos propõem, sem a necessidade de explicar, como as relações familiares podem e devem ser.

Estamos, portanto, diante de um livro sério que faz rir, um livro pequeno que diz muitas coisas, um livro de humor corrosivo que é terno, um livro que exalta o amor falando de ódio e um livro que defende a liberdade e o respeito falando de opressão. Um livro, em suma, que entoa um hino à vida e ao amor por trás de cada paradoxo.

Caro leitor, você irá se divertir lendo este livro, sentir-se desafiado, quem sabe até ficar furioso em determinados momentos, mas, sobretudo, terá a oportunidade de conhecer dois bons terapeutas e, ao questionar o seu próprio comportamento, aprender a ser um pai ou mãe melhor. Este é um bom livro para biófilos, aqueles que amam a vida, e que, não obstante, são muito conscientes do que são o ódio e a miséria humana.

Félix López Sánchez
Professor da Universidade de Salamanca

Instruções de uso

Ao longo de nossos 25 anos de experiência como terapeutas familiares temos comprovado até que ponto os pais se esforçam – nos esforçamos – para educar bem os filhos, para criar pessoas amorosas e honestas, cidadãos responsáveis e solidários. Mas também temos observado que, amiúde, essas mesmas boas intenções acabam levando a padrões de interação contraproducentes, que na realidade contribuem para que esses filhos e filhas se tornem a princípio crianças caprichosas, mais tarde adolescentes déspotas e, finalmente, verdadeiros "tiranos". O objetivo deste livro é, justamente, apontar e descrever esses padrões nocivos, não com o objetivo de culpar os pais, mas com a intenção de ajudá-los a identificar tais padrões para que possam romper com eles.

Como a nossa intenção era escrever um texto ao mesmo tempo provocador e divertido, decidimos redigi-lo de forma paradoxal, apresentando-o como um conjunto de recomendações concretas e eficazes para criar filhos tiranos. Desse modo, nosso tom será alegre e irônico. Esperamos não ferir com isso a suscetibilidade de nenhum leitor.

Dedicaremos a Introdução a justificar a suposta conveniência de criar tiranos e analisar as dificuldades que esse "louvável" empenho apresenta; os dois primeiros capítulos descreverão as estratégias que devem ser adotadas com as crianças, e os seguintes serão voltados a explicar como reforçar e potencializar os comportamentos tirânicos na adolescência, sendo que o último deles detalhará o que deve ser feito para arrematar a trabalhosa educação de um tirano. Ilustraremos nossas sugestões com breves vinhetas clínicas; trata-se de casos reais que atendemos ao longo dos anos, com os dados convenientemente modificados a fim de preservar o anonimato das famílias. Incluímos também vários apêndices com orientações concretas sobre como evitar receber ajuda de pessoas bem-intencionadas e com recomendações acerca de que tipo eficaz de terapeuta se deve fugir. Um dos apêndices inclui uma lista de "livros não recomendados", textos que devem ser evitados a todo custo, já que lê-los acarreta o risco certo de a educação do tirano descarrilhar e de que a criança termine sendo uma pessoa amável e responsável.

Queremos expressar nosso agradecimento a todas as pessoas que, de uma forma ou de outra, contribuíram para tornar este livro possível. Em primeiro lugar, é claro, às famílias com as quais temos trabalhado ao longo de todos estes anos e que, com frequência, nos surpreenderam com a sua capacidade de sacrifício, aprendizagem e superação. Agradecemos também aos alunos e profissionais em formação com os quais temos tido a oportunidade de discutir e confrontar ideias, bem como aos colegas psicólogos e terapeutas familiares com quem tantas vezes temos debatido tais questões. Agradecemos também o apoio entusiasta dos profissionais da Herder a este projeto de publicação e, muito em especial, as acertadas sugestões no tocante ao manuscrito por parte de Jesús Bernal e Miguel Ángel Osma, dois grandes terapeutas e amigos.

* * *

A Adolf, Benito e Francisco, os grandes mestres.
E a seus medíocres imitadores.

Introdução
Sobre a conveniência e as dificuldades de criar filhos tiranos

Tiranos em tempos de cólera

São tempos difíceis estes. Tempos de crise econômica e recessão, de desemprego e pobreza crescentes. Os profetas do livre mercado e do liberalismo aproveitam com determinação o medo e a desordem social para desmantelar, de forma implacável, a educação e a saúde públicas, os serviços sociais de qualidade. Já não se busca o bem comum por meio de projetos de bem-estar social compartilhados pelo Estado; agora é a hora do individualismo feroz, do "salve-se quem puder", do vale-tudo e da supremacia do mais forte. Boas escolas, atendimento à saúde de primeira, cultura? Sim, mas apenas para aqueles que podem pagar, para quem está no topo da pirâmide social. Para aqueles que merecem.

É por isso que você deve ler este livro: porque, se seguir os seus ensinamentos, terá condições de educar filhos perfeitamente adaptados ao novo cenário social. Crianças que saibam se impor, que saibam lutar e suplantar os seus adversários, que sejam capazes de subjugar e dominar seus semelhantes, fazer prevalecer seus pontos de vista e satisfazer seus próprios caprichos, sem pensar nas necessidades ou sentimentos dos outros. Criaturas competitivas, emocionalmente insensíveis, impiedosas quando se trata de alcançar seus próprios objetivos. Em suma, tiranos eficazes[1].

É claro que se tornar um tirano não é tarefa fácil. Requer habilidades, certo talento, mas também a contribuição altruísta dos outros. E, sobretudo, prática. A prática leva à perfeição. A prática faz o tirano. O ambiente escolar oferece muitas possibilidades para exercitar a nobre arte da tirania e refinar a maldade para com o próximo, já que as diferentes formas de assédio escolar, o *cyber-bullying*, a propagação de boatos negativos etc. são excelentes oportunidades para se praticar abuso, violência e aprender a sair impune desse tipo de situação. No entanto, a melhor escola de tiranos continua a ser a família. Por isso, o papel dos pais é tão importante; você pode se dedicar atenção e energia suficientes, fazer uma contribuição decisiva para que seus filhos tornem-se tiranos.

A quem chamamos de "tirano"? Àquela criança que desobedece, destrata, ameaça, coage e chantageia seus pais a ponto de intimidá-los e dominá-los. Àquela filha que sempre consegue o que quer, não importa por quais meios, seja pressão psicológica constante, insultos brutais ou até agressão física. Os "tiranos perfeitos" às vezes chegam a bater em seus pais, feri-los com armas ou mesmo ameaçar matá-los; muitas vezes, eles quebram objetos e agridem familiares. Leo foi o primeiro caso realmente extremo que atendemos:

> Os pais de Leo vieram nos pedir ajuda por causa da situação que seu filho, que acabara de fazer 17 anos, estava criando. Eles vieram escondido porque Leo os ameaçara de represálias se procurassem um psicólogo

---

1. Ainda que ao longo do livro falaremos mais de "filhos" do que de "filhas", as recomendações deste livro se aplicam por igual a uns e outras, já que ser um bom tirano/uma boa tirana independe de gênero.

> ou psiquiatra. Além disso, ele os tinha proibido de comentar o que estava acontecendo em casa, em especial que batia em seus irmãos mais novos com certa frequência e algumas vezes em sua mãe, cujas telas que pintava ele destruía. Chegara a imobilizar o pai contra o chão; com um metro e oitenta de altura e noventa quilos, o rapaz era bem mais forte do que ele. Atemorizados por essas agressões e preocupados com a segurança dos filhos menores, os pais haviam planejado mandar Leo para morar com os avós. Enquanto não o faziam, continuavam a satisfazer todos os seus caprichos e curvavam-se às suas proibições e imposições. Entre as mais humilhantes, a de que seus pais não podiam sair de casa juntos, a mãe não podia usar minissaia ou "coisas provocantes", todos os membros da família deviam sair da sala de estar quando Leo ali se instalava para assistir TV, e todos os dias pela manhã os familiares deviam tomar banho na ordem estabelecida por ele.

No entanto, muitos tiranos não precisam chegar a empregar violência física: aprendem a coagir por meio da ameaça sutil, do gesto irritado, do silêncio de reprovação. Aprenderam, inclusive, que agredir a si mesmos, ameaçar cometer suicídio ou fugir de casa são maneiras particularmente eficazes de impor seus desejos e controlar suas famílias. O próprio sofrimento pode ser, para parafrasear o dito cubano, "uma arma carregada de futuro". Sem a necessidade de chegar a tais extremos, há aqueles que conseguem sempre o que querem sendo implacavelmente encantadores e persistentes:

> Quando os pais de Kevin, de 18 anos, chegaram ao nosso consultório, o rapaz já havia dominado seus pais por completo. Não por meio de agressões ou violência, mas sim de forma suave e até amável, aproveitando-se de que alguns anos antes havia sofrido ataques de epilepsia no colégio. A partir daquele

> ponto, havia começado uma longa série de tratamentos que o levaram a perder primeiro um ano letivo e depois o seguinte. Então, havia anunciado que já não voltaria mais ao colégio e que preferia fazer um curso de informática, mas na verdade não ia às aulas e passava o dia em bate-papos no computador ou lendo revistas sobre motocicletas. Em seus esforços para agradar o filho, conseguir que ele "se sentisse bem" e retomasse a sua educação formal, os pais começaram a concordar em fazer cada vez mais coisas para ele, sempre com a esperança de ver finalmente uma reação positiva. Entre outras coisas, serviam-lhe o almoço e o jantar que ele escolhesse na hora que quisesse, tiravam os pratos, lavavam e passavam suas roupas, arrumavam seu quarto quando ele indicava, e o levavam de carro aos lugares sempre que solicitava. Além disso, compravam regularmente para ele novos jogos de PlayStation e os mais recentes aparelhos digitais, como o último modelo de celular ou o recém-lançado MP5. Para conseguir essas coisas, Kevin havia aprendido a ser extremamente persistente, levantando o tema do que o interessava no momento vezes sem conta até conseguir que seus pais cedessem.

Qualquer que seja o caso, tanto se a dominação se baseia na violência direta e na agressão física ou em chantagem emocional e amável resistência passiva, o tirano exerce hábeis estratégias de manipulação e consegue com elas um poder descomunal, que limita a liberdade e compromete a dignidade daqueles que o rodeiam. Sem dúvida, uma situação incômoda para os pais que devem conviver com o futuro tirano e suportar pacientemente seus caprichos, insolência e agressões, enquanto ele fica cada vez mais forte. Um preço alto pela boa educação de um filho, mas, considerando-se o quadro social que descrevemos, certamente um preço que vale a pena pagar. Tudo pelo futuro dos filhos.

Sobre as dificuldades de criar um tirano

> Um psicólogo dava palestras com o tema "Dez Regras de Ouro para Criar seus Filhos". Então, teve um filho e começou a falar de "Cinco Receitas para Criar seus Filhos"; teve um segundo filho e as palestras passaram a se chamar "Três Ideias para Tentar Educar seus Filhos". Quando teve o terceiro filho, deixou de dar palestras (O'HANLON & WEINER-DAVIS, 1989).

Acabamos de ver que há muitas e boas razões para criarmos crianças tiranas. Mas, infelizmente, não é tarefa fácil. Não é fácil criar um tirano, porque não é fácil criar um filho, simples assim. De fato, em que pesem os enormes avanços da psicologia evolutiva, das conquistas da psicologia da aprendizagem e da pedagogia, continua sendo difícil estabelecer diretrizes válidas para educarmos os filhos, tal como ilustra a citação que abre esta seção. A diversidade cultural, as enormes diferenças individuais e a influência do contexto social fazem com que sejam muito poucas as receitas de educação que possam ser estabelecidas num consenso universal, e mais escassas ainda as que têm sucesso garantido. De fato, geralmente é muito difícil predizermos qualquer comportamento e mais ainda prever o efeito que nossas condutas surtirão sobre as dos outros.

Portanto, não queremos enganá-lo. Muitas orientações apresentadas neste livro podem falhar; talvez você empregue todos os seus esforços em algumas delas e descubra que ainda assim não consegue que seu filho se torne mais manipulador ou mais irascível. É possível – ainda que improvável – que você aplique ao pé da letra todas as propostas deste livro e, mesmo assim, a criança não responda como o esperado e se recuse a se tornar um tirano. Além disso, há ainda a possibilidade, embora remota, de que você consiga aplicar todas as nossas instruções e que, contrariamente às expectativas, o seu filho não apenas não se torne um tirano, como acabe sendo um adulto encantador, inadequadamente amável, pateticamente prestativo e lamentavelmente carinhoso... justamente em reação a seus esforços para transformá-lo no oposto. Um cenário terrível. O mundo está cheio de filhos ingratos!

Por sorte, também pode acontecer a situação inversa: mesmo que você não consiga colocar em prática nenhuma das propostas que apresentamos neste livro, haverá ainda a esperança de que seu filho, apesar do lamentável fracasso de seus pais em educá-lo como um tirano, consiga sê-lo. Embora relativamente incomum, pode ser que o seu filho seja um daqueles raros indivíduos que conseguem ser muito destrutivos, apesar de um ambiente familiar positivo, graças a transtornos mentais ou devido a uma maciça influência negativa do entorno. No entanto, ter um filho com problemas psiquiátricos ou que na verdade esteja influenciado por más companhias não deve ser motivo para os pais "relaxarem". Afinal de contas, o tirano não nasce feito, torna-se um, de modo que, mesmo em um cenário social ou geneticamente favorável, um pouquinho de empenho por parte dos pais contribuirá para que a transformação do filho em tirano seja mais completa. Nesse contexto, nossos conselhos e orientações podem servir para facilitar e incentivar o comportamento despótico em seu rebento.

Nos capítulos seguintes, iremos apresentar em detalhes nossas propostas para criar tiranos, começando por aquelas que provavelmente sejam mais eficazes durante a infância de seus filhos e passando depois àquelas mais aplicáveis na adolescência. Todas elas se baseiam em nossas observações como terapeutas familiares e nas contribuições das famílias com as quais temos trabalhado, mas, como já comentamos, infelizmente nenhuma dessas propostas é infalível. Além disso, devemos admitir que todos os pais do mundo já aplicaram algumas delas em certo momento, sem obter nenhum efeito "tiranizador". Mas nós identificamos a razão para esse fracasso: as diretrizes foram aplicadas de forma ocasional, não sendo mantidas tempo suficiente, ou foram implementadas de maneira isolada, aplicando-se apenas uma ou duas delas. Por isso é tão importante que você se esforce para aplicar todas as propostas que lhe sejam possíveis; quanto mais delas você conseguir colocar em prática pelo máximo de tempo possível, maior será a probabilidade de seu filho se tornar o tirano que desejam ter em casa. E assim que ele começar a se comportar de maneira autoritária, despótica e manipuladora é fundamental que você não relaxe, e sim reforce esses comportamentos e redobre os seus próprios esforços para continuar direcionando a criança nesse caminho. Dedicaremos o capítulo final especificamente a essa questão.

Por último, e a fim de não sobrecarregar o nosso leitor com o tamanho do desafio pela frente, queremos lembrar que, no campo da educação, não existe somente uma forma correta de fazer as coisas. Aplicada à criação de filhos tiranos, essa afirmação significa que você pode ser bem-sucedido a partir de abordagens muito diferentes: você pode contribuir para que sua filha se torne uma tirana fazendo vista grossa e ignorando suas atitudes claramente despóticas ou, ao contrário, respondendo exageradamente a comportamentos que na realidade não são tão preocupantes. Pode reagir dedicando-se a resolver o problema com afinco ou, ao contrário, permanecendo impassível, deixando que ele se resolva sozinho. Você pode propiciar um comportamento despótico em seu filho empenhando-se em uma única linha de ação, a despeito de repetidos fracassos, ou, ao contrário, aplicando várias estratégias diferentes de forma inconsistente; desistindo logo de cara ou persistindo de maneira inadequadamente rígida. Confiamos que haja, entre as diversas pautas que lhe propomos, várias que se adequem às suas preferências e estilo. Escolha-as bem, estude-as a fundo e aplique-as com determinação. Boa sorte!

1

Assentando as bases com crianças pequenas

Os especialistas concordam que é na infância que adquirimos boa parte dos hábitos, atitudes e estilos de relacionamento que marcarão a vida adolescente e adulta. Por esse motivo, a infância é também o momento privilegiado para começarmos a criar um bom tirano. Neste capítulo ofereceremos um conjunto de orientações para que vocês pais possam contribuir para que seus filhos comecem a mostrar comportamentos caprichosos, despóticos e manipuladores desde muito pequenos. Todas elas estão relacionadas a duas grandes estratégias: ou não impor limites, cedendo constantemente e permitindo que seja o seu rebento quem dite as regras em casa, ou adotar um estilo coercitivo e agressivo como pais. No primeiro caso, é provável que o seu filho responda ocupando o espaço relacional que vocês gentilmente lhe cedem e adquira cada vez mais poder; no segundo, a resposta tirânica surgirá como uma imitação do comportamento de vocês e como reação à agressividade adulta. Em ambos os casos, estarão assentando as bases para criar um bom tirano.

Infelizmente, nenhuma das recomendações que lhe faremos é universalmente eficaz, entre outras coisas, porque tudo dependerá das circunstâncias e da idade da criança. Na verdade, todos nós, pais, cedemos com certa frequência, ao passo que só nos zangamos e ralhamos ocasionalmente; a chave para que essas diretrizes o ajudem a criar uma criança tirana é que elas sejam aplicadas de forma férrea, sem fraquejar, e que você redobre os esforços quando vir que seu filho começa a responder da maneira esperada. Ânimo!

Ceder a todos os caprichos da criança: é proibido dizer não

Esta é sem dúvida uma das orientações mais eficazes para que as crianças comecem a ser caprichosas, passem a ser progressivamente mais exigentes e acabem sendo pequenos déspotas incapazes de tolerar a menor frustração e, portanto, propensos a "dar piti" diante delas. Por duas razões:

Por um lado, porque é relativamente fácil ceder frente a criaturas que no final das contas são adoráveis, sabem como fazer carinhas pidonas irresistíveis quando algo lhes apetece e que ao mesmo tempo estão equipadas com gargantas poderosas para nos aterrorizar com gritos ou choro, se não lhes fazemos as vontades. Não é mais simples comprar outro saquinho de balas para a menina, sabendo a alegria que isso irá lhe proporcionar (e prevenir o berreiro que pode acontecer se não o comprarmos)? Não é tentador preparar macarrão com molho de tomate outra vez, sabendo que a criança gosta tanto (e sabendo também que ela se negará a comer o peixe)? Não é compreensível deixar que a criança durma com os pais para que não passe medo? Ou que se permita que ela viaje no carro sem o cinto de segurança, sabendo como ela fará birra e reclamará se a atarmos?

E, por outro lado, porque, uma vez que se começa a ceder, a tendência quase natural é a de ceder cada vez mais diante de cada vez mais coisas. As crianças nascem com um manual de adestramento debaixo do braço e de forma espontânea sabem recompensar os pais toda vez que cedem ou puni-los a cada demora na realização de suas vontades. Além disso, os pais tendem a acreditar que são eles que controlam os filhos ao conceder-lhes o que exigem, o que só faz aumentar a espiral de concessões e demandas. O caso de Luz María é um bom exemplo dos excelentes resultados que essa estratégia progressiva pode proporcionar:

> Quando Luz María tinha pouco mais de três anos, engasgou-se com um pedaço de peito de frango de modo tão sério que ele chegou a ficar "entalado" em sua garganta, quase a ponto de morrer asfixiada. Ela chegou a ficar azul devido à anóxia, e só no último minuto, com a intervenção da mãe, que conseguiu extrair-lhe o pedaço, ela se salvou. A partir desse momento, Luz María começou a se negar a ingerir comida sólida; os pais, ainda assustados pelos maus bocados que haviam passado ao ver a filha sufocando, responderam cedendo e, ao cabo de alguns dias, Luz María já se alimentava apenas de purês. Depois, passou a exigir que os purês fossem de um único tipo (uma combinação peculiar de determinadas carnes e verduras) e a comê-los sempre na mesma tigela. Quando conhecemos a família, Luz María, que tinha já seis anos, continuava alimentando-se somente com esse tipo de purê que, ademais, tinha que tomar na mamadeira e sentada no sofá. Seus pais já estavam totalmente submetidos.

De qualquer forma, é muito provável que, apesar de seus esforços, de vez em quando lhe escape um "não" quando seu filho lhe pede algo. Afinal de contas, são tantos os pedidos que as crianças fazem que até o criador de tiranos mais convicto pode acabar negando algum. Nesse caso, nada de pânico, porque você pode reduzir o efeito contraproducente do "não" explicando a seu filho com paciência por que ele não pode fazer o que pretende (cortar o vestido da irmãzinha com uma tesoura; atravessar a rua correndo sem olhar; cuspir da sacada na rua). Além disso, se você se alonga em suas explicações, é possível que o seu filho acabe fazendo manha; nesse caso, você se achará diante de uma oportunidade de ouro de continuar promovendo sua tirania. Lembre-se de que aqui o importante é evitar o "não" puro e simples. O "não" suavizado, explicado e ponderado (especialmente com as crianças menores) termina quase sempre por funcionar como se fosse um "sim".

"Onde manda criança não manda adulto"

Essa diretriz é um pouco mais difícil de ser colocada em prática, mas temos observado que cada vez ela é mais popular e maior é o número de pais que conseguem aplicá-la. Trata-se de que a criança tenha sempre a prioridade, de modo que suas necessidades se anteponham às dos adultos. Desse modo, a criança aprende desde pequena que ela é mais importante do que os outros, um aprendizado crucial para qualquer tirano que se preze.

Uma boa forma de aplicar essa orientação é deixar-se interromper em qualquer conversa, seja por telefone ou pessoalmente: se você estiver falando com seu cônjuge ou com outro adulto e sua filha intervier com qualquer outro assunto, deixe imediatamente o fio da conversa que mantinha e dedique toda a atenção à criatura. Se estiver praticando alguma atividade e seu filho o interromper, cesse de imediato o que tinha em mãos e preste atenção nele. É infalível!

Outra forma eficaz de transmitir essa mensagem de importância ao seu filho é deixar que ele tome a maioria das decisões que afetam a família, desde quais atividades terão no fim de semana até onde passarão as férias ou que nome irão colocar no irmãozinho dele que vai nascer. Até mesmo crianças muito pequenas podem tirar partido de sua benevolência, como mostra o caso de Noemí:

> Noemí era um estupendo exemplo de pequena ditadora. Apesar de ter apenas quatro anos, e não ter mais

do que meio metro de altura, era dela a última palavra em todas as questões referentes à alimentação e sono, mas também controlava a maioria das decisões que seus pais tomavam. Ela decidia se nos domingos iam todos ao parque ou ficavam em casa, se os avós podiam visitá-los ou não e se os pais veriam televisão na sala. O mais impactante era que havia conseguido impor a proibição de que seus pais se beijassem ou se abraçassem na sua frente.

Ensine a irresponsabilidade

A irresponsabilidade é uma das grandes vias para o comportamento tirânico, já que é mais fácil para a pessoa que não se encarrega de suas próprias responsabilidades exigir dos outros que o façam e culpá-los se não o fizerem. Muitos tiranos adultos se comportam na verdade como crianças caprichosas e irresponsáveis. A cena de Charles Chaplin fazendo o papel de um Hitler que brinca com o globo terrestre em *O grande ditador* é uma excelente metáfora para essa realidade.

Uma boa estratégia para incentivar a falta de responsabilidade desde a mais tenra idade consiste em fazer as coisas por seu filho em vez de exigir que ele as faça. É curioso constatar que muitos pais aplicam esta eficaz orientação, mas não porque pretendam transformar seu filho em um tirano, mas com a estranha ideia de que o tornam mais responsável resolvendo as coisas por ele:

> Os pais de Esteban estavam determinados a ensinar-lhe a ser responsável, sobretudo em questões acadêmicas. Como o filho já tinha dez anos, achavam que não apenas devia ser capaz de fazer os deveres sozinho (e para isso curiosamente se sentavam com ele todas as tardes), mas tinham muito interesse em que ele aprendesse a arrumar a mochila escolar. Por isso, arrumavam-na para ele todas as manhãs.

A estratégia de incentivar a irresponsabilidade tem o atrativo de ser relativamente fácil de utilizar e de que há inúmeras oportunidades para aplicá-la. Afinal de contas, todos os pais escovam os dentes dos filhos quando eles ainda não sabem como segurar a escova, passam manteiga nas torradas para eles quando são pequenos ou os ajudam a recolher os brinquedos. Para começar a criar um tirano você só precisa continuar a fazer essas coisas para eles quando já podem fazê-las perfeitamente sozinhos: continuar escovando os dentes da criança de seis anos, continuar passando manteiga na torrada da menina que já tem dez e recolher os "brinquedos" (nesse caso, as latas de cerveja e embalagens de batata frita) do adolescente. Dessa forma, você passará de pai a criado de seu rebento, uma estratégia que na adolescência atinge o seu auge e que também possui uma vantagem adicional: se você executar mal a tarefa, seu filho pode jogar a culpa em você.

Outra boa forma de ensinar o futuro tirano a não se responsabilizar por suas ações é sempre defendê-lo, especialmente quando ele tiver feito algo errado, e na verdade deveriam exigir-lhe responsabilidade por isso. De fato, essa estratégia é tão eficaz que mereceria um capítulo à parte. Sua filha brigou com outra menina no parque? Repreenda a mãe da outra menina por não controlá-la. O professor se queixa do mau comportamento do menino em sala de aula? Lembre-o de que o professor é ele e faça-o ver que o seu filho é apenas isso, uma criança. Os clientes da mesa ao lado reclamam que a sua filha está atirando caroços de azeitonas neles? Reclame de como as pessoas que não têm filhos são pouco compreensivas. E elogie a pontaria da sua filha!

Treine o seu filho para fazer birra

Essa diretriz tem uma importância crucial, já que, se bem aplicada, estará lançando as bases para comportamentos tirânicos futuros: o adolescente que arrebenta o controle remoto da televisão contra o chão e sai batendo a porta está fazendo birra em versão quase adulta; a menina que se tranca no quarto e começa a quebrar tudo está se formando em "birralogia". Se desde pequena a criança aprende que fazer birra serve para reverter um "não" inicial dos adultos, aprenderá também a ir adaptando a forma das birras conforme for crescendo. As possibilidades são quase infinitas.

Há diversas maneiras de estimular e aproveitar as birras dos seus filhos. Uma boa ideia é adiantar-se ao mau comportamento da criança explicando a ela como se comportar mal. Isso, que parece uma jogada genial, na verdade não é tão incomum: vemos com frequência progenitores que criam verdadeiras "profecias autocumpridas" ao explicar com detalhes ao seu rebento tudo que NÃO deve fazer em seguida. O "agora que vamos ao médico, nada de sair correndo nem de se jogar no chão nem nada dessas coisas" fornece à criança instruções precisas sobre como irritar o adulto e, portanto, sobre como multiplicar as possibilidades de conseguir o que quer.

Seja como for, a maneira mais eficaz de incentivar as birras é ceder a elas. Ao contrário do que possa parecer, aqui não se trata de transigir rapidamente; em vez disso, deixe passar um tempo, não concorde de primeira, prolongue a duração da birra o máximo possível e então ceda. Dessa forma, estará ensinando à sua filha que a birra, para ser eficaz, deve ser longa o suficiente. Isso, ademais, lhe dá mais tempo para prestar atenção em seu filho birrento, reforçando assim, convenientemente, sua conduta (des)controlada. Se, ainda por cima, você instaura um padrão no qual sistematicamente cede diante das birras do seu filho e, por outro lado, não presta atenção quando ele se comporta bem, estará contribuindo duplamente para a sua carreira de tirano.

De qualquer forma, nem sempre é tão simples. Afinal de contas, e em especial com as crianças menores, o intento de manipulação por meio da birra é, amiúde, tão evidente que até o mais abnegado dos pais custará a ceder à chantagem. Como não comprar outro sorvete se sua filha se pôs a gritar e puxar suas marias-chiquinhas? Como não cair na risada quando seu filho se joga no chão como um soldado ferido de morte em um tiroteio e começa a espernear? Nesses momentos de fraqueza, o mais importante é encontrar um bom motivo para transigir. Sempre há algum, e com um pouco de treino você será capaz de encontrar vários em cada situação: ceda para não incomodar os vizinhos, ceda para não chamar a atenção na rua, ceda para que o seu filho não se engasgue gritando, faça-o para que a criança não suje a roupa deitando no chão da rua. Ou o melhor argumento de todos: ceda para que ela não fique traumatizada. Esse sempre funciona.

Uma vez que o seu filho já domine a habilidade de fazer birra, ele encontrará diversas formas de ameaçar você com elas, e com isso estará dando passos até a nobre arte da chantagem, outro recurso dos bons tiranos. Também nesse aprendizado você pode contribuir um pouco: chantageie e assim servirá de modelo para o seu filho. Aqui, novamente, as possibilidades são infinitas: desde o simples "Então, não gosto mais de você" que seu filho copiará em seguida ("Eu te odeio") até a complicada estratégia de Economia de Fichas que os psicólogos usam, que a criança convenientemente saberá copiar e utilizar para contrachantagear.

> Anabel tinha aprendido o truque de fazer birra: jogava-se no chão e batia com os pés no assoalho, enquanto gritava e berrava com toda a força de uma menina de quase seis anos de idade. Não apenas havia aprendido a fazer tais cenas em casa, mas também as aplicava com eficiência no supermercado, onde sempre conseguia ao menos um saquinho de guloseimas e um copinho de

sorvete, e também a caminho da escola, para que seu pai carregasse a mochila para ela ou parasse no trajeto para comprar doces no quiosque. Aproveitava com muita habilidade as visitas de amigos ou idas a casas de familiares. De fato, havia aprendido a ameaçar com eficácia: bastava sentar-se no chão com ar emburrado, prenunciado a birra iminente, para os pais correrem a satisfazer os seus caprichos.

"Dando exemplo": seja você um tirano com seu filho

Uma forma diferente de abordar a criação de um pequeno tirano é a de servir de modelo sobre como se comportar de maneira despótica, proporcionando um valioso exemplo a ser seguido. Essa estratégia não é de todo fácil de empregar, já que implica que você tome a iniciativa e se adiante ao seu filho, tratando-o mal. Em todo caso, a boa notícia é que também nessa linha há várias possibilidades de ação, de tal forma que você pode escolher a que melhor lhe convém.

Uma boa maneira de tiranizar o seu filho é submetê-lo a exigências constantes, de modo que, enquanto cumpre uma de suas ordens, receba a seguinte, e assim sucessivamente. Exigir demais de seu filho é uma ótima forma de terminar provocando respostas agressivas nele, iniciando assim um ciclo que tenderá a ir longe. O resultado será melhor se essas exigências forem, ademais, excessivas para a idade e a capacidade da criança; confrontá-la com demandas impossíveis de satisfazer é uma garantia de frustração para ela, além de resultar na perda da autoestima: por exemplo, exigir que uma criança de quatro anos de idade fique parada duas horas "sem se mexer" ou que não apenas obedeça, mas que o faça imediatamente.

Outro ingrediente que você pode acrescentar a esse coquetel é o de não elogiar ou nunca exaltar as realizações de seu filho, mas criticar todas as suas falhas (que serão muitas, se você de fato garantiu que as exigências sejam excessivas). Dessa forma, irá minando sua autoestima e promovendo a sua instabilidade emocional, o que aumentará as possibilidades de que se comporte de maneira desequilibrada e agressiva.

Os verdadeiros mestres nessa estratégia de modelagem conseguem, ademais, que muitas das ordens e exigências com que bombardeiam seus filhos sejam contraditórias, garantindo o fracasso da criatura. Se, além disso, são caprichosas e inesperadas, se você consegue ser imprevisível para sua filha ou filho, você estará aumentando as probabilidades de um resultado tirânico.

Se assediar o seu filho com exigências e ordens contraditórias lhe parecer demasiado custoso, você tem uma alternativa mais simples para dar exemplo como tirano. Trata-se simplesmente de ser duro e antipático no trato com a criança; se fizer algo errado, não hesite em levantar a voz de imediato, em insultá-la, em gritar ou recorrer a castigos físicos, quanto mais desproporcionais melhor. Permita-se perder o controle e deixe que a sua frustração e agressividade explodam por qualquer bobagem. Dessa forma, conseguirá que seu filho se descontrole também e adquira o hábito da violência, que aprenda a gritar e a bater nos outros e inclusive a agredir você mesmo quando for mais velho.

Por último, uma terceira opção para servir como modelo, que é muitas vezes esquecida e que tem também efeitos fulminantes, é a de adotar sempre um tom de absoluta frieza e implacável indiferença. Essa atitude despersonaliza o seu filho e não lhe deixa margem de ação, e por isso mesmo é propícia para se conseguir resultados surpreendentes.

> Lorena, uma mãe solteira de cinquenta anos, consultou-nos sobre o relacionamento com suas filhas Jimena e Belén. Estava particularmente preocupada com a mais velha, Jimena, que com apenas dez anos de idade

> começava a ser "respondona" e "rebelde", segundo a mãe. Lorena havia feito parte do curso de Pedagogia e sabia que na educação dos filhos é importante manter a calma. No entanto, em seu esforço para aplicar essa máxima havia passado a adotar um estilo tão frio e impessoal com suas filhas que pudemos notá-lo na própria entrevista: às vezes, parecia que era a supervisora de funcionárias, em vez de mãe das meninas. Além disso, esforçava-se em não demonstrar nenhum tipo de satisfação quando suas filhas obtinham algum êxito. "Quero que aprendam a fazer as coisas bem por elas mesmas, não porque eu me alegre", explicou-nos. O resultado dessa educação tão distante foi não apenas a rebeldia de Jimena, mas também um mutismo desesperançado por parte de Belén.

De qualquer forma, somos obrigados a encerrar este capítulo reconhecendo que a estratégia de tratar seu filho de maneira tirânica tem um grave inconveniente. Infelizmente, existe o risco real de que ele, em vez de imitar essa forma de tratar as pessoas ou de reagir de maneira agressiva, torne-se uma criança excessivamente obediente e, mais tarde, um jovem submisso e tímido, desesperado por conseguir aprovação e afeição dos outros para compensar sua baixa autoestima. Se você comprovar que seu filho responde desse modo, mude imediatamente de estratégia!

Minimize e justifique as pequenas agressões de seu filho

Deixamos para o fim deste capítulo a estratégia mais direta e simples para ajudar seu filho a tornar-se um pequeno tirano. A ideia é muito singela: se o que você quer é que ele seja tirano, reforce de forma sistemática todo comportamento agressivo nele, premie-o quando tratar mal os outros e ajude-o a aprender que tal comportamento é aceitável e que não tem consequências negativas. Uma boa opção é que, em vez de ficar sério, ache graça se ele insultar outra pessoa ou você mesmo ("Que espertinho, ele sabe dizer 'você é bobo'"), deixe-o riscar os móveis dos vizinhos quando forem visitá-los ou justifiquem que batam em outras crianças ("É coisa de criança, deixa que eles se entendem sozinhos"). Claro, se a outra criança reagir à agressão batendo no seu filho, intervenha para defendê-lo e, se as circunstâncias assim o permitirem, dê uma palmada no agressor de seu filho. Será um ótimo ensinamento!

Uma oportunidade especialmente propícia para ensinar seu filho a ser abusivo se apresenta quando seu pequeno porventura começa a bater ou chutar você. Sabemos que não é fácil, mas proceda da seguinte maneira: deixe-se bater ou chutar pacientemente enquanto lhe explica que não deve fazê-lo. A cereja no bolo será acabar cedendo à vontade do seu filho fazendo o que ele queria ou simplesmente premiando-o de alguma forma. Talvez você acabe com algum hematoma, mas o futuro tirano aprenderá de uma só vez várias lições valiosas: que bater é aceitável, que não há consequência na agressão e que a violência (ainda que em pequena e infantil escala) funciona.

Alguns pais hesitam em adotar ou não essa estratégia. É compreensível porque, afinal de contas, a violência direta é desagradável (e por que não admitir? Mesmo um pontapé na canela, dado por um Smurf de cinco anos, pode ser doloroso). Nesses momentos de fraqueza, lembre-se de alguns argumentos úteis para manter a linha: "E se eu o contiver e ele ficar mais irritado?", "E se eu o contrario e ele faz um escândalo?" E, mais uma vez, o argumento definitivo é: "E se ele ficar traumatizado se eu me impuser?"

2

Encorajando o desabrochar do tirano

Se você tiver aplicado de forma coerente as estratégias que propusemos no capítulo anterior, é muito provável que o seu filho vá se comportar como um ditadorzinho. Mas não relaxe: há ainda um longo caminho a percorrer antes que ele se torne um verdadeiro tirano. Claro, a chave é continuar aplicando de forma sistemática as diretrizes anteriores que estejam dando melhor resultado, enriquecendo-as com novos elementos de sua própria criação conforme seu filho vai crescendo. Além disso, é óbvio que você terá que menosprezar os comportamentos tirânicos que forem aparecendo, justificá-los perante amigos e familiares e, no geral, fortalecê-los e recompensá-los. Existem mais algumas diretrizes que você pode seguir justamente naqueles momentos em que seu filho oferecer oportunidade: quando ele o desobedecer, quando ele o desafiar ou até mesmo quando ficar agressivo com você. Dedicamos este capítulo a comentá-los.

"Falar em vez de agir"

Se fôssemos fazer um *ranking* das atitudes mais ineficazes que os pais podem tomar na criação dos filhos, essa, sem dúvida, levaria o primeiro lugar. Os pais têm uma capacidade incrível de proferir ameaças que na realidade sabem que não vão cumprir: "Deixe seu irmão em paz ou você vai ver só uma coisa", "Se você não entrar agora mesmo, vai ficar sem Nintendo a tarde toda", "Se você não comer as verduras, vai ficar sem sobremesa". A ameaça tem a vantagem de nos permitir pensar que estamos fazendo algo para corrigir nossos filhos, sem a necessidade de levá-la a cabo de verdade.

No entanto, a formação de um bom tirano exige mais do que as habituais ameaças não cumpridas. As que você precisará usar devem cumprir os exigentes critérios D.I.A.: ameaçar com castigos **D**esproporcionais ("Se você tirar o brinquedo do seu irmão outra vez, vou dar os seus para os pobres"), **I**limitados na duração ("Se você me responder outra vez, vai ficar sem PlayStation pelo resto da vida") e/ou **A**gressivos ("Se você não deixar o cachorro em paz, vou te arrancar o couro"). Em outras palavras, quanto menos críveis as ameaças, melhor será o resultado.

Outra forma de falar em vez de agir é sempre tentar ponderar e dialogar com as crianças, especialmente as mais novas, mesmo quando elas estão "irracionais". Como a cultura popular aconselha insistentemente que os pais dialoguem com os filhos, não será difícil aplicar esse padrão também em situações em que ele não faz o menor sentido: quando a criança está enfurecida, não ouve a voz da razão e se empenha em ações destrutivas (quebrar o carrinho do irmão, jogar comida no chão, ter um acesso de raiva...). Se você aproveitar precisamente tais momentos para tentar argumentar com ela, conseguirá reforçar o seu comportamento de ditadorzinho recompensando-a eficazmente com sua atenção. Além disso, falar e argumentar o ajudará a não tomar nenhuma atitude corretiva que surta efeito: enquanto você continuar explicando à criança por que ela não deve arrancar a cabeça das Barbies da irmãzinha, ela continuará a decapitar as bonecas; enquanto você continuar apontando as razões filosóficas pelas quais a criança não deve comer sorvete com a mão, ela continuará fazendo isso. A aprendizagem será dupla.

> Os pais de Rubén, uma criança de 8 anos, trouxeram-no para uma consulta por causa de sua "agressividade". O que mais os preocupava era que, com certa frequência, ele batia em sua irmã, três anos mais nova. No decorrer da consulta, pudemos testemunhar como os pais agiam habitualmente: em determinado momento, quando a conversa se concentrava na irmã, Rubén recuperou o protagonismo começando a dar chutes na pequena. A mãe reagiu dizendo-lhe que não devia fazer aquilo e, em seguida, explicou-lhe que se ele continuasse fazendo acabaria machucando a irmã e todos ficariam muito tristes. Enquanto a mãe dava essa explicação, Rubén, sem deixar de escutá-la, continuava a chutar, sem que ninguém o impedisse, até que a irmã se afastou o suficiente para se pôr a salvo.

O castigo dos castigos

Mesmo sem gozar da mesma popularidade das ameaças, os castigos também são um recurso educacional amplamente empregado e, para os propósitos deste livro, um excelente meio para criar tiranos. Não estamos nos referindo aqui a castigos eventuais, proporcionais, aplicados de forma imediata e de curta duração; esse tipo de castigo pode atrapalhar o desenvolvimento do ditador: se a criança comprovar que a sua atitude tirânica tem uma consequência negativa imediata, aplicada com tranquilidade, existe um risco considerável de que mude sua conduta. Muito cuidado!

Para que os castigos de fato ajudem a criar um tirano, eles devem ser, acima de tudo, impossíveis de cumprir, ou porque se estendam muito no tempo (por exemplo, dizer à criança que ela ficará sem ir ao parquinho pelo resto do ano), ou porque ninguém pode controlar seu cumprimento (deixar a criança de castigo em casa sozinha e *estudando*), ou porque sejam desproporcionais (trancá-la no quarto a tarde inteira por ter tirado meleca do nariz). Além disso, é interessante que você imponha os castigos da maneira mais alterada e/ou agressiva possível. E, claro, você deve aplicar essa estratégia desbragadamente: castigar com frequência e por qualquer coisa irá criar um clima insuportável em casa, e provavelmente exacerbará comportamentos agressivos e disruptivos em seu filho. Para que não se esgotem os castigos imediatamente, convém também que você os suspenda o mais rápido possível; a vantagem adicional é que você irá perder a credibilidade e sua autoridade será reduzida, e ainda por cima obterá uma atmosfera tensa.

Eusebio e Vanessa estavam totalmente oprimidos por seus dois filhos, de 7 e 8 anos. Não que as crianças fizessem algo particularmente preocupante, mas as suas constantes brigas e contínua desobediência eram muito perturbadoras. Os pais haviam entrado em uma espiral de ameaças e punições extremamente estéreis que, além disso, seguiam uma sequência previsível: começavam por mandar as crianças para o quarto, o que resultava em ainda mais confusão, castigavam-nas tirando-lhes a televisão ou o Nintendo por toda a semana e, como o resultado disso era ainda pior, eles as puniam deixando-as sem jantar, e daí passavam a castigá-las não lhes permitindo sair para brincar na rua. Não bastasse esse remédio ser pior do que a doença, a punição seguinte era deixá-las sem treino de futebol durante o ano todo. Como tal punição se mostrava ainda mais contraproducente, eles acabavam por suspender todos os castigos. E aí começavam tudo de novo.

Perca as estribeiras

Com "perca as estribeiras" queremos dizer levante a voz, grite e berre com os filhos, ou seja, "perca o controle" em todos os sentidos e nivele-se com a criança: se o seu filho grita, você grita;

se ele o insulta, você o insulta; se ele até mesmo chega a bater em você, você revida. Essa estratégia não apenas evitará que seu filho se corrija, como também permitirá gerar nele uma dose considerável de hostilidade e ressentimento. Uma vantagem adicional é que perder as estribeiras dessa forma provavelmente fará com que você mais à frente sinta-se mal e arrependa-se, o que lhe facilitará aplicar algumas das diretrizes que apresentamos nas páginas anteriores: ceder aos caprichos de seu filho, suspender o castigo que lhe haja imposto, argumentar por que razão ele chegou a tal extremo etc. Em outras palavras, seu sentimento de culpa será um aliado valiosíssimo do tirano em formação.

Essa estratégia pode parecer complicada de seguir, mas, na verdade, se você tiver empregado as duas anteriores, será questão apenas de dar mais um pequeno passo nessa direção. Além disso, será de grande ajuda que você esteja cansado de lidar com o seu filho, sobrecarregado pelo esforço educacional, ou simplesmente tenha cedido de forma ininterrupta por tempo suficiente. Nesse caso, será mais fácil para você perder as estribeiras como acabamos de descrever.

> Teresa, uma mulher divorciada na casa dos quarenta, consultou-nos pela conduta "descontrolada" e "desobediente" de seu filho, Thomas, de 9 anos. Com efeito, Thomas desobedecia com frequência, batia em seu irmão mais novo e fazia travessuras. Amiúde, enfrentava a mãe quando era repreendido. Teresa, sobrecarregada por estar criando sozinha dois filhos, com um trabalho que lhe exigia muito e sem apoio familiar, invariavelmente perdia as estribeiras nessas situações: ia logo levantando a voz para o filho, gritava e berrava e com frequência ameaçava mandá-lo para o pai e dava-lhe umas chineladas. Em resposta, Thomas estava se tornando cada vez mais agressivo e passara a cuspir e bater na mãe.

Seja crítico

Criticar e apontar as condutas negativas ou, melhor ainda, os traços de personalidade negativos pode não apenas minar a autoestima dos filhos, como também ajudar o tirano a se sentir justificado em seu comportamento destrutivo. Por isso, convém aproveitar a má conduta de seu filho para criticá-lo. Como já foi dito, é importante ser crítico de forma adequada. Não basta dizer que uma determinada ação é errada ("Não gostei de você interromper essa senhora"); é imprescindível que a crítica seja pessoal e global ("Você não deixa ninguém falar") e ajuda muito utilizar habilmente as palavras "sempre" e "nunca" ("Você está sempre interrompendo", "você nunca fica calado"). Acrescentar uma pequena dose de maus-tratos emocionais terminará de arrematar o efeito da mensagem ("Você está sempre interrompendo. Você é insuportável. Estou cheio de você").

Um erro comum é pensar que para ser crítico é necessário que haja comportamentos a serem criticados. Nada mais distante da realidade. Na verdade, o bom educador de tiranos é capaz de aproveitar até mesmo uma conduta positiva de seu filho para introduzir uma crítica pessoal. É o que denominamos elogiar desqualificando: "Bem, parece que desta vez você deixou as pessoas falarem. Pena que você não faz isso quase nunca", "Agora que os vizinhos já estão cheios de você é que você se comporta bem". Esse tipo de comentário é muito irritante, razão pela qual é especialmente eficaz em fazer aflorar o pior de seu filho.

> Os pais de Sara estavam tendo cada vez mais dificuldade em controlar a conduta de sua filha única, de 12 anos, que, a cada dia, era menos obediente e mais respondona. Com efeito, nos momentos de maior tensão, Sara havia chegado a "explodir" de forma muito violenta, insultando a mãe, cuspindo nela e quebrando objetos. Também tinha chegado a fugir de casa em al-

> gumas ocasiões. Como resultado, a relação estava muito deteriorada e mal havia espaço para comunicação entre mãe e filha; pai, mais periférico, constatava desesperado como mãe e filha iam se afastando cada vez mais. Em uma das primeiras sessões, Sara comentou conosco, a sós, que lhe havia ocorrido que podia fazer as pazes com a mãe presenteando-a com uma pulseira muito bonita que havia visto. Nós a encorajamos, mas na sessão seguinte pudemos comprovar que as coisas não tinham saído como esperávamos. Sara havia dado o presente, mas sua mãe o havia recebido com um comentário pouco lisonjeiro: "Bem, vejo que você não gastou muito dinheiro para fazer as pazes". Depois, havia criticado o estilo da pulseira e não chegou a colocá-la. Sara reagiu arrebentando-a no dia seguinte.

Criticar os filhos em público é especialmente útil. Os pais que falam mal de seus filhos diante dos outros de forma sistemática, queixando-se dos erros que cometem, do pouco que estudam, de como são egoístas... estão fazendo verdadeira campanha para desprestigiar seus filhos e contribuem, assim, para que percam qualquer possibilidade de terem uma boa autoestima.

"Dividir para reinar"

Qualquer criança em qualquer lugar do mundo sabe intuitivamente que uma excelente estratégia para conseguir o que quer é colocar os pais um contra o outro. É também uma estratégia fácil de implementar, já que, inevitavelmente, o pai e a mãe (ou, em casais homossexuais, os dois pais ou as duas mães) têm pontos de vista diferentes. O tirano em desenvolvimento aprende a empregar com verdadeiro profissionalismo a técnica de "dividir para reinar", aproveitando ao máximo essas diferenças entre os pais e envolvendo também outros membros da família: a avó ou o avô podem ser grandes aliados para derrotar os pais.

No entanto, não há necessidade de deixar essa parte do treinamento de seu filho por conta do acaso. Há uma série de atitudes que você e seu cônjuge podem tomar para agirem em separado e facilitar que o tirano assuma o controle. A seguir, enumeramos algumas delas, que têm como denominador comum o fato de ambos os pais enfrentarem os problemas cada um por si, descoordenados ou em franca oposição em relação à educação do filho.

a) Tomem decisões educacionais um sem consultar o outro

Por exemplo, imponha um castigo ou prometa uma grande recompensa sem consultar o seu cônjuge. Isso facilita que o outro não esteja em conformidade com o que foi estabelecido, com a vantagem extra de que você poderá então acusá-lo de não seguir o "combinado".

b) Desmanche os esforços educacionais do outro progenitor

Se o seu marido proibiu seu filho de jogar Gameboy esta tarde, dê você permissão. Se a sua esposa decidiu que seu filho deve tirar a mesa após o jantar, faça isso por ele. Se o seu cônjuge está tentando restringir o consumo de doces de sua filha, surpreenda a pequena com um saquinho de balas de goma.

c) Desautorize escondido o outro progenitor

Questione suas decisões e desvalorize suas capacidades. Por exemplo, se você for permitir que a criança brinque no computador, faça um comentário como: "Pode jogar um pouco, é que o seu pai não sabe que esses jogos também são educativos". Se você for impedir que o menino tire a mesa, aproveite a oportunidade para dizer: "Pode deixar que eu tiro; eu não sou tão exigente como a sua mãe". Ou simplesmente dê aquela piscadinha de cumplicidade para a sua filha enquanto lhe entrega escondido as guloseimas. Aproveitar a situação para criar coalizões secretas é mais uma forma de acentuar a separação entre adultos e aumentar o poder do pequeno tirano: "Vai lá, joga um pouquinho, mas não conta pro seu pai". Uma forma particularmente sutil de criticar o seu companheiro e reforçar o comportamento tirânico de seu filho é acrescentar em seguida, após repreendê-lo por alguma coisa, "Você é igualzinho ao seu pai/à sua mãe".

d) Discutam na frente dele

Evidentemente, o grau máximo nessa estratégia de se mostrarem divididos perante a criança é alcançado quando os adultos não apenas tiram a razão um do outro, mas discutem na frente dela. Vê-los discutir pode causar, a princípio, algum sofrimento até mesmo para o mais duro ditador, mas depois lhe provocará uma instrutiva sensação de superioridade e vitória. Especialmente se, como resultado da discussão, vocês não chegam a um consenso, vão cada um para o seu canto de mau humor e deixam seu filho livre e solto para fazer o que quiser. A jogada perfeita.

Embora todas essas medidas sejam claras e simples, você pode em algum momento fraquejar em adotá-las. Afinal, você quer preparar o seu filho para a vida moderna ajudando-o a ser um bom tirano, mas não deseja ficar brigando com o seu companheiro nem deseja um divórcio. Nesses momentos de dúvida, existem vários recados que você pode dar a si mesmo: lembre-se de que isso que você entende que deve ser feito é a ÚNICA maneira correta de educar o seu filho; sinta que tudo mais que não seja "ver as coisas do seu jeito" é, sem dúvida, má vontade de seu companheiro; procure enxergar apenas a parte em que seu cônjuge se equivoca e ignore a que ele acerta; lembre-se de que para educar um filho tirano é muito mais importante "acertarem separados do que errarem juntos".

Ressaltamos por fim que, se você é pai ou mãe solteiro, não poderá aplicar as recomendações incluídas nesta seção. Mas não se preocupe, você pode usar essa mesma estratégia de desunião se houver alguma outra pessoa com quem você compartilhe a educação de seu filho: um novo companheiro, seus pais, uma irmã... E não se aflija se tampouco não for esse o caso: as pesquisas sugerem que, na verdade, a violência de filhos contra pais é mais frequente em famílias de mães solteiras, provavelmente porque, por estarem sozinhas, falta a elas justamente um aliado no qual se apoiarem para orientar a criança.

> Os pais de Paola estavam totalmente polarizados em relação ao tratamento de sua filha de 10 anos, a mais nova de três irmãos. Já há vários anos a menina mostrava grandes peculiaridades com a comida: alimentava-se muito pouco e se recusava a comer a maioria dos pratos preparados por sua mãe; às vezes, ficava dias sem comer nada. Recentemente, seus pais haviam descoberto que ela com frequência introduzia a comida na boca, mas, em vez de engoli-la, fazia bolas com ela, que acabavam escondidas por toda a casa. Nas situações em que sua filha se recusava a comer, desenvolvia-se invariavelmente o mesmo padrão: a mãe a pressionava e insistia cada vez mais até começar a perder a cabeça. Nesse momento, o pai costumava intervir, criticando a esposa por sua "falta de diplomacia" e por descer "ao nível da criança". A cena normalmente terminava com a mãe chorando na cozinha, o pai de mau humor na sala de estar e Paola deixando a comida de lado sem sequer prová-la. Uma vez que essas recriminações ocorriam na frente de Paola, ela logo aprendeu a tratar a mãe da mesma forma. Quando chegaram à nossa consulta, Paola enfrentava a mãe não apenas nessa questão

da comida, mas em quase todos os aspectos de sua vida diária. Com isso, não fazia mais do que ratificar a visão do pai de que a esposa era incompetente e não sabia lidar com uma menina de 10 anos.

O divórcio como oportunidade

Aproveitando que acabamos de mencionar a possibilidade de divórcio, não poderíamos deixar de enfatizar que o fato de que você e o seu cônjuge estarem divorciados na verdade não é um inconveniente para completar a educação do pequeno tirano. Pelo contrário, situações de divórcio, com toda a bagagem emocional que trazem, oferecem possibilidades adicionais para atuarem divididos diante da criança. Além daquela simples diretriz de não coordenar as ações com o seu ex-cônjuge e descumprir ou dificultar o possível regime de visitas, existem algumas estratégias específicas que podem realmente contribuir para a formação de um bom tirano:

a) Entre em competição com seu ex, tentando conquistar seu filho mostrando-se mais generoso, mais "bom" e mais permissivo do que ele ou ela. Assim, seu filho terá muitas oportunidades para se exercitar na delicada disciplina da chantagem emocional: "A mamãe me deixa dormir sem escovar os dentes...", "O papai vai comprar pra mim outro jogo do Play..."

b) Como destacamos na seção anterior, desautorizar o pai/a mãe da criança é uma boa estratégia para que esta ganhe poder. A grande vantagem de o casal estar divorciado é que você poderá desautorizar o seu ex sem qualquer escrúpulo. Quanto mais brutal for a desqualificação, mais confortável você se sentirá e mais perturbado ficará o seu filho.

c) A situação de divórcio facilita também que você se alie com o filho contra o outro progenitor; a grande vantagem, nesse caso, é que as barbaridades do ditadorzinho não prejudicarão o lar em comum, mas apenas o do seu ex... e, com um pouco de sorte, o possível novo companheiro dele ou dela. Incite seu filho a desobedecer à mãe; lembre-o de que o "outro" não é pai dele e, portanto, não tem o direito de lhe dar ordens; Encoraje-o a insultar e maltratar o outro ou a outra. A satisfação será dupla: você se vinga de seu ex-companheiro ao mesmo tempo em que avança no treinamento do tirano em formação na difícil disciplina do abuso emocional.

d) Se você não estiver muito ressentido com seu ex, a orientação anterior talvez possa lhe parecer excessivamente bruta. No fim das contas, você quer manter as aparências e agir de uma maneira civilizada. Nesse caso, talvez você prefira aumentar sutilmente o poder de seu filho – e, portanto, as probabilidades de exercê-lo de forma tirânica – por meio de estratagemas mais indiretos: instigando-o a espionar seu ex ("Como seu pai se dá com *essazinha*? Brigam muito?") ou utilizando-o como mensageiro ("Diga à sua mãe que não vou pagar por essas aulas de matemática que, além do mais, não adiantam nada para você"). Fazer uso da chantagem emocional para interferir no relacionamento de seu filho com o pai ou a mãe ("Você quer mesmo passar este fim de semana lá com o seu pai? Você não gostaria de ficar aqui comigo para que eu não fique sozinha?") também é uma possibilidade, mas traz um resultado mais incerto: poderia desestabilizar em excesso o seu filho e comprometer sua capacidade de se comportar como um tirano.

e) Uma forma ainda mais elegante de usar a situação de divórcio para reforçar o poder de seu filho é pedir a opinião dele sobre o seu possível novo companheiro ("O que você acha do Paco? Você gostaria que ele viesse morar conosco?") ou até mesmo deixar que o filho ou a filha tenha o direito de proibir o novo relacionamento. Assim, isso não apenas aumentará o poder de seu filho, como acentuará o seu conflito de lealdade (se ele aprovar o novo par romântico, sentirá que está traindo o outro progenitor) e contribuirá para introduzir esse leve grau de desequilíbrio emocional que tanto ajuda a ser um bom tirano.

No caso de Thomas e sua mãe, Teresa, que discutimos anteriormente, a situação de divórcio dos pais alimentava as dificuldades de Teresa com o filho. Conforme nos contou o próprio Thomas, seu pai costumava referir-se à sua mãe chamando-a de "essa puta" e encorajava abertamente o filho a não obedecê-la. Além disso, dizia constantemente a Thomas que, na verdade, sua mãe amava mais David, seu irmão mais novo. Quando Teresa começou a sair com outro homem, Thomas transformou a vida deles num inferno, instigado pelo pai. Em certa ocasião, o menino chegou até a ameaçar o namorado de Teresa com uma faca de cozinha. Isso provocou o fim do novo relacionamento de sua mãe.

3

Aproveitando a adolescência

Talvez o caro leitor tenha se esforçado em aplicar as orientações que foram propostas nos capítulos anteriores, sem conseguir em seu filho atitudes realmente tirânicas. E quem sabe, com um amigo ou conhecido, aconteceu o oposto: ele talvez tenha em casa um autêntico ditadorzinho, sem ter tido a necessidade de aplicar quase nenhuma das nossas sugestões. O mundo é tão injusto.

Mas não se desespere; se a criação de um tirano infantil falhou, ainda há uma segunda chance de obter sucesso. Chama-se adolescência. Sim, é uma fase da vida cheia de oportunidades para recuperar o tempo perdido. As mudanças biológicas, a influência crescente das amizades, as novas demandas acadêmicas e sociais... tudo cria condições favoráveis para o conflito pais-filhos. E, portanto, também para administrá-lo de modo que seu filho adquira atitudes ditatoriais. Neste capítulo, vamos sugerir algumas estratégias úteis para conquistar isso.

Agora, se as coisas estão encaminhadas, se na infância de seu filho você teve êxito e ele demonstra atitudes de um pequeno ditador, nem por isso deixe de ler atentamente as páginas seguintes. Afinal de contas, as mudanças da adolescência também podem reverter a boa trajetória de seu filho; temos presenciado histórias terríveis em que uma criança que tinha conseguido se comportar como um verdadeiro ditador por toda a infância se transformou radicalmente com a puberdade e começou a ser gentil, responsável e solidária. Portanto, não relaxe. Uma criança sempre pode mudar. Tire partido da puberdade e da adolescência para consolidar as conquistas obtidas e, se possível, para acentuar comportamentos irrefletidos, abusivos e despóticos de seu filho. Se a infância representa a escola do tirano, a adolescência é uma verdadeira universidade.

Como você verá nas páginas seguintes, as diretrizes que propomos são diversas e, por vezes, aparentemente contraditórias. No entanto, existem, de fato, dois denominadores comuns a todas elas, de modo que você possa escolher dependendo de suas preferências e também das necessidades de seu filho. Por um lado, você tem a opção de continuar a tratar o seu rebento adolescente como se ainda fosse uma criança, por exemplo, fazendo-lhe as vontades e mimando-o como tal (e assim promover o seu caráter temperamental, se é este aspecto o que falta ser destacado) ou, ao contrário, de vigiá-lo e tentar controlar todos os aspectos da sua vida (de modo a propiciar uma resposta agressiva e explosiva, que porventura estivesse faltando no repertório do futuro tirano). Por outro lado, você pode começar a tratá-lo de uma hora para outra como adulto, renunciando ao seu dever de supervisioná-lo e educá-lo. Essa segunda estratégia é especialmente apropriada se o seu filho tem a sorte de se relacionar com colegas adequados, dos quais possa aprender hábitos antissociais, comportamento violento ou delituoso. No restante do capítulo, vamos propor várias orientações que se encaixam em uma ou outra dessas duas principais linhas de ação.

Abdique da responsabilidade de educar o seu filho

Como acabamos de observar, renunciar a supervisionar e a orientar o seu filho é um excelente começo para se criar um tirano, especialmente se ele já começou a interagir com outros adolescentes dos quais possa apreender comportamentos despóticos apropriados. Portanto, delegue a educação do seu filho às telas (TV, computador, celular) ou aos seus amigos, ausente-se o máximo possível de casa, mergulhe no trabalho e negligencie o seu filho. Pode ser que seguir essa estratégia de se ausentar de casa acarrete alguma censura de seus amigos, dos professores do seu filho ou, quem sabe, você mesmo comece a sentir em algum momento que está negligenciando o seu dever de pai/mãe. Mas não se preocupe, algumas fórmulas mágicas como "Você sabe que é preciso deixar que as crianças aprendam com seus próprios erros", ou "Existe um conflito de gerações intransponível entre pais e filhos" servirão para silenciar os críticos e aliviar a sua própria consciência. Mas, acima de tudo, lembre-se: seu sacrifício está contribuindo para a formação do seu filho.

Outra boa maneira de seguir esse princípio de ação é não estabelecer regras para o adolescente ou, alternativamente, não se empenhar para garantir que as regras que ainda existam sejam cumpridas. O adolescente que entra e sai de casa quando bem entende, come onde e quando quiser, bebe álcool ou fuma maconha em seu quarto ou que falta às aulas impunemente tem muitas oportunidades de aprender comportamentos inadequados. E se, em algum momento, alguém se atrever a criticar você por sua falta de supervisão, dê de ombros e responda "ninguém pode com ele/ela".

> A mãe de Cheres marcou uma consulta devido ao comportamento perturbador de sua filha. Três anos atrás, Cheres havia começado a se relacionar com uma turma de usuários regulares de drogas e a namorar o líder, um jovem cinco anos mais velho do que ela e que dirigia um bar. Agora, prestes a completar 18 anos, Cheres largara os estudos, ocasionalmente ajudava no bar do namorado e consumia, de forma habitual, cocaína e drogas sintéticas. Entrava e saía de casa quando lhe dava na telha e, às vezes, desaparecia por vários dias. A mãe, que suspeitava que a filha pudesse estar envolvida

na venda de cocaína no bar, tentava ajudá-la, mas o pai havia jogado a toalha por completo e se recusara até a acompanhar sua esposa à terapia.

Torne-se servo de seu filho

Essa orientação, em certa medida contrária à anterior, é provavelmente mais custosa para os pais, mas também mais confiável: deixar o filho entregue ao seu livre-arbítrio cria oportunidades para que ele comece a mostrar um comportamento desordenado (mas não o garante, porque pode acontecer, p. ex., de o jovem persistir em se relacionar com colegas pacíficos, ou que, em vez de jogar games de computador violentos, passe o tempo visitando sites de música), o fato de você se tornar servo de seu filho garante que ele saiba que seus desejos são ordens e que se torne cada vez mais intolerante a frustrações. Se já quando ele era pequeno você satisfazia todos os seus caprichos e se esforçava para evitar dizer-lhe não, manter essa atitude na adolescência será mais fácil e, provavelmente, ainda mais proveitoso.

Um aspecto positivo desse princípio de ação é que muitas das formas de aplicá-lo gozam de uma popularidade extraordinária em nossa cultura. Por exemplo, a mãe continuar a fazer a cama e a limpar o quarto do filho (especialmente se for do sexo masculino), quando ele tem 14, 15, 16... 25 anos. Ou que você lave e passe as roupas dele, por mais mal-agradecido que ele se mostre por ser tão bem atendido. Ou cozinhar de acordo com o gosto da criatura, sem, é claro, jamais exigir dela que ajude na preparação da comida ou faça as compras. Ou que banque o verdadeiro "motorista particular" do adolescente, levando-o e buscando-o em todos os lugares com assiduidade e pontualidade digna de melhor causa. Uma variante particularmente difundida e culturalmente sancionada é a de estudar com os filhos, independentemente da idade deles: ajudar com a lição de casa, tomar-lhe a lição, até mesmo passar a limpo seus apontamentos ou resumir alguns temas. Sabemos de casos em que os filhos conseguiram manter esse arranjo favorável até mesmo nos primeiros anos de faculdade. Na verdade, esta ênfase excessiva no desempenho acadêmico funciona como uma excelente justificativa para o comportamento servil no âmbito doméstico: "Eu é que prefiro que a criança não ajude nada em casa e se concentre em sua responsabilidade, que é o estudo".

No entanto, note que a verdadeira excelência na aplicação desse princípio não reside só em agir como lacaio do seu filho. Para reforçar definitivamente suas atitudes tirânicas é necessário dar mais um passo: garantir que todas essas coisas que você faz por seus filhos sejam vistas por eles como um "direito natural" legítimo e levá-los a reclamá-lo com determinação se em algum momento você esquecê-lo. As exigências irritadas de seu filho para que você cumpra imediatamente com o seu "dever de pai/mãe" (e lhe prepare uma omelete ou lave sua roupa ou vá comprar seu xampu favorito) é o maior sinal de que suas tentativas de criar um tirano caprichoso e exigente estão dando frutos.

> Marta, uma mãe solteira, nos pediu ajuda profundamente desesperada. Sua filha Ainara, de 16 anos, tinha começado a deixar de ir para o colégio e ela se sentia incapaz de obrigá-la a fazê-lo. Além disso, certas noites, Ainara saía sem permissão e ficava fora até 6 ou 7 da manhã. Com lágrimas nos olhos, Marta nos contou como ao longo dos últimos anos tinha se dedicado cada vez mais a servir e agradar à filha, a tal ponto que agora se sentia sua "criada" e "empregada doméstica". Ainara não ajudava em casa em absolutamente nada, a não ser tirar a mesa: ela pegava o prato e talheres (somente os seus) e deixava-os na pia. Era sua única contribuição para o trabalho doméstico, embora sua mãe,

explorada no trabalho, estivesse sobrecarregada. Até recentemente, a mãe havia se consolado com a ideia de que "pelo menos a menina cumpre a sua obrigação de estudar". Agora, notava a que ponto havia perdido toda a autoridade em casa.

Instaure um estado policial

Uma maneira diferente de continuar tratando o seu filho adolescente como criança é não lhe dar confiança nem lhe atribuir responsabilidades; ou seja, não se relacionar com ele por meio do diálogo e da proximidade, mas a partir de uma posição de vigilância e desconfiança.

Não permitir que seu filho vá sozinho a lugar nenhum, não lhe dar as chaves de casa, verificar constantemente se ele está estudando ou oprimi-lo com regras e organizar todos os seus horários e atividades tem múltiplas vantagens. Por um lado, transmite uma mensagem de desconfiança pessoal que dificultará que seu filho ganhe autoconfiança e aprenda a se autorregular, facilitando assim essa dose de desequilíbrio e instabilidade que tanto favorece um bom tirano. Por outro lado, a desconfiança e vigilância tendem a aumentar, não apenas porque o seu filho irá crescendo e, portanto, reivindicando mais liberdade (um sinal inequívoco de que você tem de manter as rédeas mais curtas), mas também pela profecia autorrealizável que toda desconfiança gera. Dessa forma, a monitorização acabará sendo tão sufocante que o seu filho irá reagir de forma desmedida e até mesmo agressiva. Se você vir que tal reação não ocorre, procure aumentar a intensidade de suas intromissões; por exemplo, fazendo longos interrogatórios sobre as atividades de seu filho adolescente e tente pegá-lo em contradições. Os resultados serão surpreendentes!

> Os pais de Estefanía, uma garota de 17 anos, não aceitavam a orientação sexual da filha. Com o intuito de mantê-la longe da namorada, começaram a controlá-la em todas as áreas de sua vida: interceptavam suas mensagens de celular, escutavam atrás da porta, procuravam e liam seus diários. Além disso, tomaram-lhe as chaves de casa e, se num fim de semana fossem viajar, forçavam-na a ficar com os avós para não "deixá-la sozinha".

Um terreno fértil para se violar a privacidade é tudo que concerne à vestimenta e adornos pessoais: proibir *piercings*, banir certas roupas, forçar a usar (ou não usar) pingentes são excelentes maneiras de ultrapassar os limites pessoais e, portanto, de incentivar o adolescente a não respeitar os seus. Inspecionar o quarto, ler os diários de seu filho, espionar seus telefonemas, interceptar suas mensagens no Facebook ou twits... tudo isso são condutas parentais que farão com que o adolescente passe a ocultar ainda mais suas atitudes e, eventualmente, acabarão lhe dando justificativa para se rebelar de forma agressiva.

Mas cuidado: a estratégia de invadir o espaço pessoal de seu filho adolescente tem uma contraindicação. Se o seu filho estiver praticando atividades impróprias (p. ex., passar horas e horas em bate-papos ou visitando sites duvidosos), perigosas (comer compulsivamente, abusar de laxantes, autolesionar-se) ou mesmo delituosas (consumir drogas ou traficá-las, roubar), então sim, é preferível que você se torne escrupuloso e se recuse a monitorá-lo. Nesse ponto, a melhor maneira de ajudar seu filho a continuar no caminho promissor em que se encontra é que você se oponha a violar seus limites pessoais: nem pense em confiscar a maconha que pode estar escondida em seu quarto, não jogue fora os laxantes dos quais ele está abusando, não desconecte a internet nem pegue de volta o dinheiro que por acaso ele tiver lhe subtraído.

Nesses casos, o quarto do seu filho deve se tornar um verdadeiro "santuário". Se você em algum momento sentir a tentação de agir, apesar de tudo, lembre-se de que "a privacidade de uma pessoa é sagrada, como vou me intrometer nas coisas do meu filho?"

Perca a força pela boca: reaja apenas na base do blá-blá-blá

Se você aplicar com certa habilidade qualquer um dos três princípios anteriores, constatará que em algum momento surgirá o conflito: o seu filho vai aproveitar suas ausências prolongadas para provocar uma contenda grave; sua filha se excederá de forma flagrante em alguma de suas exigências ou se revoltará se você não cumpri-la; o adolescente irá reagir com fúria inesperada à sua constante vigilância. Em última análise, o adolescente mostrará em todo seu esplendor suas habilidades como tirano. Este é o momento-chave para apoiar o treinamento de seu filho. Como? Evitando tomar qualquer medida corretiva e, em vez de agir, recorrer a reprimendas, conselhos, sermões e discursos inflamados. Em suma, "falar em vez de agir". Este princípio altamente valioso permite muitas nuanças:

a) Dedique-se a "encher o saco", seja chato e volte à carga constantemente. Pense que, se seu filho não prestou atenção na primeira ou terceira vez, talvez o faça quando você repetir a mesma coisa quinze ou vinte vezes. Ou trinta.

b) Como um passo a mais no refinamento da técnica, procure contaminar todas as conversas com uma questão controversa a cada oportunidade. Se o seu filho tirou notas ruins, lembre o assunto no café da manhã, antes de ele ir para a escola, ao voltar dela, na hora do almoço, enquanto assiste TV, com certeza na hora do estudo (enquanto você, criado eficaz, afinal de contas, prepara-lhe um lanche), durante o jantar e na hora de dormir. Além disso, tente tirar vantagem precisamente dos aparentes "bons momentos", aqueles em que eles estejam prestes a desfrutar de alguma atividade agradável ou de um pouco de boa companhia, para surpreender seu filho com uma censura ou uma alusão ao problema.

c) Seja implacável com a linguagem. O bom sermão é aquele que é formulado com base na obrigação: "É seu dever...", "Você precisa...", "Tem que..." Além disso, procure incluir o maior número de críticas e desqualificações e tente citar apenas os aspectos negativos. Acrescente, se possível, um componente pessoal para sublinhar o seu aborrecimento e desespero: "Eu estou cansado de...", "Eu já não aguento mais..." Arremate sua enxurrada verbal com a dose certa de chantagem emocional: "Por que você faz isso comigo?"

d) Lance uma saraivada de ameaças, quanto menos críveis, melhor. Já que essa técnica foi comentada no capítulo 2, não entraremos em mais detalhes aqui.

> Antonio, um rapaz de 15 anos que começara a levar bomba em todas as matérias no colégio (até Religião e Educação Física) e passava os dias jogando PlayStation e assistindo à TV, fazia ouvidos moucos às constantes reprimendas da mãe e aos "sermões" com que seu pai tentava fazê-lo ver que ele devia voltar a se esforçar nos estudos. O mesmo efeito tinham os apelos à preocupação de sua mãe ou a como Antonio estava fazendo a todos infelizes e, é claro, as comparações com sua irmã mais velha, que estava seguindo uma carreira universitária exitosa. Às vezes, tais conversas (melhor dizendo, monólogos) subiam de tom e o garoto chegava a enfrentar e desafiar seus pais, sem, contudo, tornar-se fisicamente agressivo. Essas cenas terminavam invariavelmente com a retirada dos pais, entre ameaças muito pouco críveis: "Vamos colocá-lo trabalhando

> numa fábrica, para você ver o que é bom", "Vamos expulsar você de casa", "Então, nós vamos dar você para adoção, se continuar assim". Nas ocasiões em que Antonio chegava a gritar, o pai, muito solene, levantava-se declarando que iria chamar a polícia. Ele nunca o fez.

Nós só descrevemos algumas das muitas possibilidades de se manter uma atitude passiva por meio do recurso ao "blá-blá-blá". De qualquer modo, o importante é que todo esse alarde verbal serve apenas como desculpa para não agir, para não tomar medidas corretivas de modo que o comportamento negativo de seu filho não tenha consequências reais e a desconexão emocional aumente.

Chantagem emocional

Acabamos de observar que sermões e reprimendas devem, se possível, incluir um elemento de chantagem emocional. Esse aspecto oferece tantas possibilidades que vamos analisá-lo separadamente.

Quais são as vantagens da chantagem emocional? Qual é o sentido, por exemplo, de dizer a uma filha de 16 anos que a surpreendemos fumando um baseado: "Como você pode fazer isso comigo, que te amo tanto?" De que adianta olhar para o filho que passou a noite fora com infinita tristeza e sussurrar de forma quase inaudível: "Você vai me matar de desgosto"? Ou ameaçar a criança que passa duas semanas sem ir à aula: "Você vai fazer o seu pai e eu acabarmos nos divorciando". Por um lado, a chantagem emocional ainda é uma ótima maneira de falar e não agir, de facilitar que você não tome nenhuma medida eficaz em relação ao comportamento de seu filho. Pois é disso que se trata. Por outro lado, a chantagem emocional busca induzir culpa, e a culpa tem o atrativo adicional de ser quase sempre paralisante e negativa; provavelmente, ela irá gerar no adolescente um mal-estar difuso que será descarregado por meio de novas condutas impróprias. E, em terceiro lugar, utilizar com frequência a chantagem emocional servirá como valiosa aprendizagem para o seu filho, que aprenderá, por sua vez, a usá-la em suas interações com os outros. O adolescente que ameaça suicidar-se se você não aumentar-lhe a mesada ou que acusa os pais de favorecerem o irmão e não o amarem mostra que aprendeu a estratégia. Parabéns!

Uma observação final: para que a chantagem emocional contribua para a criação de um filho tirano não é necessário que ela seja tão explícita como nos exemplos que acabamos de citar. Pequenos gestos podem ser mais do que suficientes: um ou outro suspiro profundo, um gemido bem colocado, uma caixa de antidepressivos deixada à vista, a voz falhando no momento certo...

Um exemplo curioso de chantagem emocional acontecia na casa de Vanesa, uma viúva com duas filhas. As meninas, de 16 e 18 anos, haviam começado a sair com seus namorados e a chegar tarde da noite. Apoiando-se mutuamente, as irmãs conseguiram minar a autoridade materna com notável eficácia. Preocupada com a possibilidade de que uma de suas filhas pudesse acabar grávida, mas incapaz de conversar abertamente com elas sobre a questão da contracepção, Vanesa as chantageava com sua própria depressão: as noites em que as filhas ficavam fora até muito tarde, não só ficava esperando por elas na sala de estar até elas voltarem, como também, depois, passava vários dias de cama, deprimida e queixosa. Um curioso contraceptivo!

4

Cuidados e manutenção do seu tirano

Se você chegou a este capítulo, parabéns! Provavelmente já tem um verdadeiro tirano em casa, um adolescente preparado para sobreviver na dura sociedade atual e na duríssima sociedade futura. Um rapaz ou uma moça que não abre mão de nenhum meio para impor a sua vontade, que controla os pais empregando desde a manipulação sutil até a ameaça descarada, que, em certas circunstâncias, não hesita em insultá-los e faltar-lhes com o respeito, que talvez já tenha chegado a agredi-los cuspindo, empurrando ou mesmo batendo. Além disso, à medida que o filho tirano vai crescendo, sua margem de manobra também aumenta, em detrimento da margem de manobra dos pais: o tirano vai ficando cada vez mais estável e os pais têm cada vez menos capacidade de resposta.

No entanto, não relaxe. Sua obra ainda não está concluída. E é agora que se apresenta a verdadeira prova de fogo, que consiste em você manter seu louvável esforço educacional. Afinal de contas, é provável que neste ponto os pais comecem a se cansar de serem os lacaios servis do filho ou estarem fartos de vê-lo passar os dias jogando no computador, sem cumprir suas obrigações. É possível que em momentos de fraqueza lhe pareça indigno voltar a ceder mais uma vez, aumentar-lhe a mesada de novo, comprar-lhe o último modelo de celular ou aceitar mais um dia que ele não deixe o restante da família assistir à TV. Ou quem sabe os pais comecem simplesmente a sentir-se amedrontados e inseguros em sua própria casa. Esse é um excelente sinal para o seu filho (afinal de contas, infundir medo é uma das melhores maneiras de exercer a ditadura), mas é compreensível que isso gere um grau de inquietação e desconforto que pode ser insuportável até mesmo para os mais abnegados dos pais.

Este é um momento crítico, caro leitor, porque certamente em algum momento você sentirá grande tentação para acabar com a situação, o desejo irreprimível de agir e tentar reverter o processo. Talvez você chegue a pegar o telefone para marcar uma consulta com um bom terapeuta familiar ou denunciar à polícia que seu filho de 15 anos voltou a desaparecer por toda uma noite. Talvez você esteja a ponto de convocar todos os seus familiares para que eles saibam o que está acontecendo e buscarem juntos por soluções. Ou talvez você esteja prestes a se reunir com os pais de outros membros da turma de seu filho para combinarem um plano de ação em conjunto. Não faça isso! Nem pense em tais coisas! Por mais estabelecido que pareça o comportamento tirânico de seu filho, ainda há um enorme risco de que, se você vacilar nestes momentos decisivos, o seu filho desaprenda o que aprendeu e volte a ser um adolescente normal, monotonamente sensato e estupidamente agradável, totalmente inadequado para os tempos em que vivemos. Embora isso possa parecer incrível, se você mudar agora corre um risco considerável de que o seu filho enverede pelo caminho nefasto da assunção das responsabilidades e do bom trato para com sua família. Não se trata de um perigo imaginado, mas de um risco real. Ouça nossa advertência: temos testemunhado histórias muito infelizes, em que crianças que tinham tudo para se tornar verdadeiros predadores sociais acabaram caindo nas pegajosas redes da normalidade a partir de uma mudança radical na atitude de seus pais.

Este é precisamente o objetivo deste longo capítulo: evitar que nesta encruzilhada seus esforços se percam. Para isso, apresentaremos uma série de sugestões para ajudar a manter o seu compromisso de criar um tirano, que lhe permitirão perseverar na mais implacável inércia e que inclusive servirão para que você termine de extrair o pior (oops, o melhor) de seu filho e dar o arremate final na sua criação de um tirano. Neste capítulo, buscamos a máxima abrangência possível incluindo novas pautas e orientações muito variadas. No entanto, apesar da sua aparente diversidade, a maioria delas se encaixa no que seriam duas diretrizes básicas para manter e fortalecer a ditadura de seu filho: ignorar e minimizar seu comportamento tirânico, tentando ao mesmo tempo apaziguá-lo fazendo-lhe novas concessões; ou, inversamente, desempenhar um papel mais ativo, provocando a agressão do adolescente por meio de respostas agressivas suas. O mais eficaz, claro, é ir alternando esses dois padrões: aplacar e apaziguar até que o desespero o tire do sério; agir agressivamente para depois se arrepender e começar a ceder. Para fechar o capítulo, também acrescentamos de seções com excelentes "pseudossoluções instantâneas", muito indicadas como estratégia alternativa.

Convença-se de que você não precisa fazer nada e faça "vista grossa"

Começamos por essa orientação, porque, sem dúvida, é a mais eficaz de todas para evitar que em momentos de desespero você dê algum passo irreversível. Infelizmente, apesar de simples, às vezes ela não é fácil de aplicar. Afinal de contas, nesta fase, é lógico que o seu filho demonstre um comportamento francamente perturbador: talvez quebre o computador do irmão ou encurrale você contra a parede exigindo dinheiro para os cigarros; tranque-se no quarto três dias seguidos jogando Call of Duty; talvez assedie uma colega nas redes sociais. Como fazer para fingir que nada vê nessas situações? Eis aqui algumas dicas:

a) Minimize, recorrendo aos clássicos bordões "Não é para tanto" ou "Poderia ter sido pior". Afinal de contas, o computador já estava mesmo ruim. Ser encurralado contra a parede também não foi para tanto, já que seu filho nem chegou a bater em você. Melhor trancado no quarto com o computador do que na rua enchendo a cara. Sim, seu filho e os amigos dele podem ter assediado uma colega de colégio, mas, no final das contas, nada aconteceu. Um bom truque para minimizar os acontecimentos é comparar seu filho com um referencial adequado: sempre haverá "anjinhos" piores do que o seu. Alternativamente, pense que poderia ter feito algo ainda pior. Sempre há algo pior.

b) Justifique, dando explicações razoáveis ao comportamento tirânico de seu filho. É lógico ele ter descontado sua irritação no computador se o irmão o estava provocando. A abstinência de cigarros o deixou fora de si. Jogar Call of Duty não deixa de ser uma forma de se relacionar com outros jovens. A garota assediada fez por merecer. Justificar o comportamento agressivo não apenas facilitará manter a sua saudável atitude de fazer vista grossa, como também será uma aprendizagem importante para o seu filho, porque vai ajudá-lo a aprimorar a capacidade de justificar o injustificável.

c) Dê tempo ao seu filho e espere ele amadurecer. Não force as coisas. Afinal de contas, se são "coisas da idade" sem dúvida ele irá mudar com o passar do tempo. Você também pode compartilhar essa atitude como adolescente: "Você vai aprender quando tiver filhos", "Você vai sentir saudade quando já não viver mais aqui", "Você vai ver o que é bom quando tiver que trabalhar". Infelizmente, o clichê "Você vai se tornar um homem quando for para o serviço militar" anda um pouco desatualizado.

d) Se a estratégia anterior não o convenceu, adote a contrária: assuma que o seu filho é assim e que "nunca mudará". Jogue a toalha, reconheça a sua impotência, renda-se à evidência. O elegante nesta maneira de reagir é que você estará contribuindo para a tirania de seu filho sem, aparentemente, fazer nada e deixando todo o crédito para ele. Um verdadeiro exercício de humildade!

Deixe-se atemorizar

Se não for possível minimizar as condutas mais desagradáveis de seu filho, você tem a opção de se deixar ser intimidado completamente por elas. A parte mais fácil deste princípio é a que diz respeito às ameaças de agressão física; afinal de contas, não é necessário nenhum esforço consciente para que você se assuste se sua filha lhe coloca uma faca no pescoço, se seu filho grita que vai matá-lo, rasga suas fotos favoritas ou simplesmente anuncia que "Qualquer dia desses eu perco a paciência e você vai ver". Logicamente, se, de fato, já aconteceu alguma agressão, a ameaça será mais crível e gerará automaticamente uma forte resposta de medo em você. Os homens que maltratam as esposas a conhecem bem: muitas vezes, é suficiente bater apenas uma vez na mulher; a partir daí, o simples gesto de erguer a mão ou arquear a sobrancelha já obtém o mesmo efeito intimidador.

Nessas situações de violência física, não há nada de especial que se deva fazer para se sentir cada vez mais intimidado. Simplesmente, deixe-se levar e contemple como seu tirano está crescendo. Entretanto, há um aspecto com que você deve tomar cuidado: mantenha segredo. Quanto mais frequentes forem as agressões, quanto mais as ameaças subirem de tom, mais você deve se esforçar para que a situação permaneça entre quatro paredes. E aqui pode haver um risco sutil, a tentação de contar a algum familiar, vizinho ou amigo o que está acontecendo em casa, a tentação de desabafar e compartilhar o que você está passando. Se estiver nessa situação, permaneça firme e não conte nada. Lembre-se de que a violência (toda a violência, seja física, emocional ou sexual) se desenvolve melhor na obscuridade e em segredo. Ninguém deve saber o que está acontecendo em casa, especialmente se seu filho fora dela consegue manter uma fachada impecável. Há várias ideias que podem ajudá-lo a seguir silenciando a situação: envergonhe-se pelo comportamento de seu filho, em vez de deixar que seja ele a se envergonhar, como convém; convença-se de que os seus interlocutores iriam culpar você e não o agressor; persuada-se a si próprio ou ao seu cônjuge de que, em última análise, nenhum desses parentes, vizinhos ou amigos faria coisa alguma. Pense que tornar público o que acontece implicaria estigmatizar o seu pobre filho. Tenha em mente a velha máxima: "Roupa suja se lava em casa" (neste caso, "se suja em casa").

Algo mais complicado de se fazer é deixar-se assustar com ameaças mais sutis. Se o seu filho sugerir que poderia fugir de casa ou que, se continuarem lhe fazendo cobranças, ele pode abandonar os estudos definitivamente, é possível que, após o choque inicial, você seja tentado a não dar importância à situação. Não faça isso. Pelo contrário, você não apenas deve levar a sério a ameaça, como é lógico, mas também exagerá-la e dramatizá-la ao extremo. Pense que se sua filha sair de casa, ela poderá ser atacada por um bando de meliantes e terminar seus dias prostituída ou como uma sem-teto debaixo de uma ponte. Exposta ao frio e à chuva. Pense que largar os estudos a condenará a uma vida de delinquência. E, acima de tudo, convença-se de que se você fizer algo, se tentar tomar alguma medida ou impuser qualquer limite, tudo que conseguiria é que as coisas piorassem: sua filha terminaria por descontrolar-se, subiria o nível de agressões, poderia fazer uma loucura qualquer contra os outros ou contra si mesma. Ou, pior ainda, ela se traumatizaria definitivamente.

> Noel, um garoto de 15 anos com uma ligeira deficiência mental, havia conseguido controlar os pais com suas esporádicas "explosões de raiva", sendo que já chegara a ameaçar a mãe ou os irmãos com uma faca de cozinha. Embora tanto Noel como seus pais afirmassem que ele seria incapaz de fazer mal "a uma mosca" a ameaça servira, entre outras coisas, para que os pais nunca se atrevessem a deixá-lo sozinho em casa com os irmãos. Outra ameaça que Noel havia encenado em um par de ocasiões foi a de se atirar pela janela. Com isso, ele conseguiu que sua mãe também não se atrevesse a se ausentar de casa. E a ameaça de machucar a si próprio (coisa que nunca havia chegado a fazer) foi eficaz para que seu pai cedesse à maior parte de seus caprichos.

Tente aplacar seu filho

Este princípio geral é quase uma consequência direta do anterior: se você se encontra suficientemente atemorizado e angustiado, paralisado pelo medo do que aconteceu em determinada ocasião ou do que poderia acontecer, não lhe custará tentar apaziguar o tirano e comprar um pouco de paz. Ceda de uma vez e compre o iPad que ele estava exigindo; deixe-lhe a casa livre para aquela festa de fim de semana com os amigos; ponha o carro de sua esposa no nome da filha. Ou, no plano dos pequenos gestos, empenhe-se mais em ser um lacaio eficiente e atender todos os seus mínimos caprichos. Aceite com submissão redobrada essas pequenas obrigações e proibições que o seu filho lhe tenha imposto.

A estratégia de tentar aplacar o agressor não apenas conta com uma longa tradição e ilustres precedentes em áreas tão díspares como a violência de gênero, o terrorismo ou a diplomacia internacional, mas tem também duas enormes vantagens.

Por um lado, será eficaz para conseguir para você e sua família cobiçados momentos de paz e tranquilidade, porque o tirano, satisfeito, irá recompensá-los com um pouco de condescendência. Talvez apenas uns dias ou mesmo apenas algumas horas, mas o suficiente para que você possa descansar um pouco, recobrar a perspectiva e poder voltar a minimizar e justificar com convicção, para você recuperar a calma e voltar a ser a cobaia em que seu filho experimenta suas habilidades. Seu momento de desespero terá passado; você poderá retomar a difícil tarefa de treinar o tirano.

E, por outro lado, apaziguar não só proporciona alguns momentos de calma a você e sua família, mas é uma das maneiras mais eficazes de reforçar o poder do tirano e aumentar sua dominação. A cada vez que você voltar a ceder, a cada detalhe com que você compra a paz ou negocia um pequeno armistício, o seu tirano se torna mais forte, maior, mais insaciável. Como bem expressa a sabedoria popular: "A gente dá a mão e eles já querem logo o braço".

> Elena se sentia sobrecarregada com sua filha Noelia, uma garota de 15 anos, obcecada pelos estudos e ordem. Desde pequena, Noelia exigia de sua mãe que em casa reinasse absoluto silêncio quando ela estava estudando ou fazendo a lição de casa. No final do dia, sua mãe tinha que lhe tomar a lição e revisar a lição de casa pelo menos duas vezes. A essa exigência foram sendo acrescentadas outras, com o passar do tempo, uma a uma: primeiro, a comida devia estar sempre preparada às 15h00; depois, Noelia exigiu que a mãe a deixasse comer sozinha; algumas semanas mais tarde, que a mãe lhe servisse a comida no quarto enquanto ela estudava; depois de alguns meses, ela impôs que a mãe não falasse com ela durante toda a tarde para não desconcentrá-la e, finalmente, conseguiu que a mãe sequer entrasse na parte da casa que "pertencia" a Noelia. Elena fora cedendo a cada uma das imposições da filha, em parte para evitar os "ataques de fúria" da

> menina, que também ameaçava fugir de casa e ir viver com a avó quando a mãe não se dobrava às suas condições. Agora, Elena percebia que, na verdade, cada nova concessão não havia feito mais do que preparar o terreno para a próxima exigência da filha.

Um último atrativo da estratégia de ceder e aplacar é que, se você a mantiver por tempo suficiente, irá se sobrecarregar tanto que chegará um momento em que você não aguentará mais e explodirá: talvez, num acesso de raiva, você comece a dizer a seu filho tudo o que passou semanas calando, quem sabe o insulte, entre em uma escalada de violência e você mesmo fique agressivo. Nas seções seguintes, discutiremos tudo o que você pode conseguir deste modo.

Continue perdendo a força pela boca

Ainda que ceder e aplacar possa resultar em situações excessivamente humilhantes até mesmo para o progenitor mais dedicado à educação de seu filho, lembre-se de que existe uma ótima maneira de manter as aparências e dar (e dar-se) a impressão de que não se intimida e enfrenta a tirania: o "*blá-blá-blá*" de que tratamos no capítulo 3. Para tal efeito, seguem sendo especialmente úteis os sermões e os apelos à responsabilidade ou ao "dever como filho". As ameaças, sempre que não forem cumpridas, têm esse mesmo potencial. Entre as ameaças não cumpridas mais populares estão a de expulsar o filho de casa ("Você vai sentir saudade de nós") e chamar a polícia, a Guarda Civil, a CIA ou discar o 190 (em detrimento do familiar, mas desusado, "homem do saco"). Uma opção mais original é ameaçar o filho dizendo que quem vai embora de casa é você! Uma variante particularmente engenhosa é incluir na ameaça o outro progenitor: "Qualquer dia eu saio de casa e deixo o seu pai e você sozinhos". Mas lembre-se de que sob hipótese nenhuma você deve cumprir alguma dessas ameaças; se isso acontecesse, você correria o risco de começar a reverter a situação.

É também muito educativo que você mostre grande firmeza verbal (p. ex., insistindo que seu filho em nenhuma circunstância deve ou pode fazer determinada coisa) e, depois, quando ele deixa de cumprir os termos estipulados e se mete em apuros, você correr para ajudá-lo. Nesse caso, não só estará perdendo força pela boca, mas também ajudará seu filho a assumir ainda menos responsabilidade por suas ações, como no seguinte caso:

> Os pais de David não sabiam o que fazer para que o filho se tornasse um "adulto responsável". Ele havia deixado a escola há alguns anos, apesar de não ser um mau aluno, e desde então eles lhe haviam encontrado vários empregos, mas nenhum durara: depois de algumas semanas de bom funcionamento no trabalho, David começava a se cansar e, invariavelmente, começava a chegar tarde e faltar alguns dias. Sua mãe tentava desculpá-lo e encobri-lo para os seus chefes, mas a situação acabava se tornando insustentável e David terminava despedido. Um episódio curioso desse padrão de "tirar as castanhas do fogo" para o filho aconteceu poucos meses antes de David completar 18 anos. Sem carteira de motorista e sem autorização dos progenitores, David um dia pegou o carro do pai para dar uma volta com a namorada. Teve azar de bater em outro carro e, para não ter de dar explicações, ele fugiu. Quando a denúncia chegou à casa de seus pais, o pai decidiu se incriminar e declarar que o condutor do veículo tinha sido ele. "Nós não quisemos estragar a vida de nosso filho por uma bobagem", foi a sua justificativa.

Menção especial merecem aqueles filhos tiranos que aprenderam a confundir os pais e a fazê-los sentirem-se culpados por meio do expediente de manter uma longa e atualizada lista de agravos comparativos, queixas por ter recebido menos do que o irmão, por ter sido mais exigido do que a irmã, por ter sido privado de algo em benefício de outro. Em suma, uma sequência interminável de pequenas injustiças, em teoria cometidas contra o reclamante, cuidadosamente registradas em um livro de contabilidade emocional. Nessas situações, a estratégia de falar, argumentar e procurar convencer é ainda mais eficaz: quanto mais você tentar fazer o seu filho enxergar que na verdade tais injustiças não existiram, quanto mais você quiser demonstrar que o tratamento foi e é justo, quanto mais você se deixar enredar no emaranhado de acusações e queixas, mais alimentará a postura querelante de seu filho. Além disso, a vantagem adicional é que essas longuíssimas conversas conseguirão aumentar a tensão com o seu filho, reforçar sua vitimização e fornecer-lhe desculpas para prosseguir com suas atitudes despóticas.

Aceite provocações

Aceitar provocações ou perder o controle entrando em uma escalada de violência com seu filho é uma boa estratégia quando você está treinando uma criança tirana, mas é ainda mais fácil com um adolescente, na medida em que este provavelmente chega a ser muito mais provocador, desagradável e perturbador do que aquela. Em tais situações, continuamos a recomendar como primeira opção a estratégia de minimizar e justificar, sozinha ou combinada com a de ceder e aplacar. Como já observamos, se você permanecer tempo suficiente nessa atitude, é provável que a tensão se acumule e termine explodindo, e então você poderá passar com total naturalidade para a estratégia de aceitar provocações. Outra possibilidade é que seu próprio estilo pessoal penda logo de cara para o confronto e a luta; nesse caso, não vale a pena se esforçar primeiro para condescender e aplacar. Não, se você tem talento para brigar, dê-se o gosto de responder à provocação jogando imediatamente mais lenha na fogueira. O fogo está assegurado.

Há muitas maneiras de entrar em uma escalada de violência com um adolescente:

a) Contradizê-lo em momentos de extrema tensão: "Pois então vou sair", "De jeito nenhum", "Vou sim, estou cheio, vou sair", "De jeito nenhum, você só sai quando eu disser pra sair", "Deixe-me sair", "Só por cima do meu cadáver".

b) Levante a voz, gritando, berrando, batendo na mesa. Grosseiro e deselegante? Sim, com certeza, mas muito eficaz.

c) Insulte e desqualifique o seu filho. Particularmente adequadas são as críticas pessoais e globais ("Estou farta de viver com um ingrato egoísta como você"), ameaças de abandono ("Seu pai e eu estamos ansiosos para que você desapareça de nossa vida") e expressões de franca hostilidade ("Tomara que você se mate com o carro"). Uma forma mais sutil de desqualificar o seu filho é compará-lo constantemente com um irmão ou irmã ("Quem dera você fosse como o seu irmão, que não é nem tão sem-vergonha nem tão cara de pau como você e, além disso, já está seguindo uma carreira").

d) Empregue violência física: segure seu filho, tente bloqueá-lo, fique no seu caminho... mas também dê-lhe um tapa, um empurrão, um chute ou até um soco. Esta técnica é certamente radical, mas o risco (de que o seu filho se intimide) é mínimo, e as contrapartidas, muito grandes: não apenas é quase certo que isso provoque uma resposta ainda mais agressiva no adolescente (especialmente se do sexo masculino e mais forte do que você), mas também que rompa definitivamente os limites do respeito e da dignidade pessoal. Além disso, em alguns casos, você poderia conseguir, com um pouco de sorte, que o seu filho acabe denunciando-o à polícia. Com isso você terá alcançado um dos pináculos da formação de um bom tirano: seu filho terá aprendido a maltratar os outros e, depois, acusá-los por isso.

> O caso de Ainara, que descrevemos no capítulo anterior, é um bom exemplo de como você pode perder o controle em situações de tensão. Em um dos episódios em que Marta havia tentado confrontar sua filha por ter chegado muito tarde em casa, Ainara enfrentou a mãe e começou a insultá-la de forma muito agressiva. A discussão subiu de tom e Marta, que passara muito tempo contendo-se, terminou lançando na cara da filha, com tamanha raiva que surpreendeu a si própria: "Quem me dera tivesse abortado você!"

Como este caso ilustra, uma das chaves para entrar numa escalada de violência com um tirano adolescente é agir no calor do momento, sem ter tempo para refletir e poder agir com calma. Se você reage sob a pressão da situação e com suas variáveis fisiológicas descontroladas, com as capacidades cognitivas nubladas e cheio de adrenalina, é quase certo que aja com estupidez suficiente para piorar (oops, quer dizer "melhorar") coisas. Além disso, é provável que seu filho aprenda um dos recursos de ouro dos agressores domésticos: manter eles próprios a calma enquanto tiram suas vítimas do sério, a fim de consolidar a sua posição de superioridade e conservar a iniciativa. Portanto, é muito importante que você não adie a resposta à demanda levantada por seu filho, não se afaste momentaneamente, que não consulte o seu cônjuge sobre o que fazer nem peça conselho a nenhuma outra pessoa. Pelo contrário: mantenha-se na situação, não se furte a responder, deixe-se levar por sua justa raiva ou pela força do desespero. O sucesso é quase garantido!

Mantenham-se divididos como pais

No capítulo 3, dedicamos já algumas páginas a exaltar a estratégia de "deixem-se dividir e o tirano reinará" e a enumerar algumas maneiras práticas e simples de realizá-la. Todas elas permanecem sendo igualmente úteis quando o tirano já é um adolescente, com a vantagem de que, estando o ambiente cada vez mais carregado e a situação ter-se tornado mais tensa, também será mais fácil que os pais entrem em guerra um com o outro. Nesse contexto, é uma resposta quase natural que um dos pais tome decisões sem consultar o outro, que os dois sigam linhas educacionais opostas, que se desqualifiquem mutuamente ou que até discutam na frente do filho. Na verdade, quando a situação de tirania está bem estabelecida e há comportamentos de risco, é comum que os pais polarizem completamente suas posições diante dos excessos do filho. E, embora seja geralmente o pai quem assume o papel de "exigente" ou "duro" e a mãe quem interpreta a "complacente" ou "branda", não há nenhum problema em que a distribuição dos papéis seja o inverso. Os pais até podem se dar ao luxo de trocar de papéis, às vezes: o importante não é quem adota a postura, e sim que nunca adotem ambos a mesma. Isso é o que vai garantir a supremacia do tirano. E, como já descrevemos no capítulo 3, se você for separado ou divorciado, será mais fácil ainda para os dois pais agirem divididos ou em franco confronto.

> Os pais de Nuria, uma garota de 16 anos, divorciaram-se quando a filha tinha acabado de fazer 2. Desde então, a menina vivia com a mãe, mas com um contato grande e frequente com o pai, uma vez que, em relação à custódia, os pais estavam basicamente de acordo. Entretanto, este era o único ponto em que tinham um mesmo critério. Em todos os demais, suas filosofias educacionais eram completamente diferentes e, aos olhos do outro, radicalmente erradas: John acusava sua ex-mulher, Ainhoa, de ser uma "ditadora" e um "Hitler sem bigode" que se excedia nas exigências acadêmicas em relação à filha e negligenciava a sua "verdadeira felicidade". Ainhoa, no entanto, acusava

> John de ser um "*hippie* anacrônico" que só sabia rir das gracinhas da filha e era incapaz de lhe impor limites, sem se preocupar se Nuria se tornaria uma mulher de valor. Aproveitando-se da divisão entre os pais, Nuria começou a ser suspensa e a matar aula, fumar maconha (na casa do pai) e dar respostas muito malcriadas (para a mãe). Quando a mãe tentava falar sério com ela, Nuria simplesmente ia passar alguns dias com o pai, que de bom grado lhe dava "asilo político". Por sua vez, a complacência de John levava Ainhoa a desqualificá-lo quando Nuria voltava para casa, o que já provocara vários confrontos violentos com a filha.

Para os pais que (ainda) convivem, há um elemento adicional que pode contribuir decisivamente para manter a divisão frente ao tirano: negligenciar a relação. Há muitas maneiras de fazer isso, desde permitir que o único tema de conversa entre os dois seja os problemas do filho, até renunciar a saírem juntos ou terem momentos de intimidade. Negligenciar sua vida conjugal ajudará a não se porem de acordo sobre o tirano, mas também envolve desativar certeiramente um dos possíveis amortecedores do estresse e da tensão gerados pela educação do filho. E se estiverem submetidos a estresse constante, sem a válvula de escape de respirarem um pouco como um casal, será também muito mais fácil para eles perderem as estribeiras com o filho, caírem em provocações e contribuírem para a sua agressividade. Por isso, a nossa recomendação neste ponto seria que voltem toda a sua atenção e energia para o seu filho, que se vejam apenas como pai e mãe (ou pai e pai e mãe e mãe), mas não como um casal, não vão jantar fora sozinhos nem passem um fim de semana juntos e que, se tiverem momentos de privacidade, dediquem-se a discutir a educação do seu filho. Uma grande vantagem dessa recomendação é que, para aplicá-la, basta que apenas um de vocês a siga. Portanto, se em qualquer circunstância o seu cônjuge vacilar e propuser uma ida ao cinema ou encontrar com amigos, ou até mesmo que o casal passe um fim de semana a sós, recorra sem hesitação a qualquer uma das muitas desculpas que terá à mão: "Mas, querido, como é que vamos sair com este problema?", "E se ele aproveita a oportunidade para fazer alguma loucura?", "Com esse problema, não sinto vontade de fazer nada". Com um pouco de treino, sequer fará falta a apresentação de argumentos: será suficiente um gesto de desespero ou de incompreensão para desanimar o seu parceiro e fazer com que supere o impulso romântico.

> No caso de Noel, discutido anteriormente, a tensão em casa causara uma depressão insidiosa na mãe e problemas no trabalho para o pai. O assunto do seu filho estrelava todas as conversas entre eles e todos os contatos com os familiares. O medo de deixar o filho sozinho em casa ou com um membro da família havia chegado a tal ponto que, desde o início dos problemas, quatro anos antes, os pais não tinham passado uma noite juntos como casal.

Finalmente, lembramos que na erosão da unidade parental os demais familiares também podem desempenhar um importante papel, especialmente os avós. Uma ótima maneira de promover a ditadura da criança é, por exemplo, a avó se aliar a ele contra os pais, seja de forma direta (dando razão à criança e desqualificando o critério paterno), ou indireta (dando-lhe dinheiro quando os pais combinaram de deixá-lo sem mesada ou até mesmo dar-lhe "asilo" se ele sair de casa). Outra maneira de minar o trabalho em equipe dos pais consiste em que o avô ou avó apoie o critério de um dos pais e desqualifique o do outro, alimentando assim o desacordo entre eles. Você como progenitor pode contribuir para essa dinâmica por meio do simples procedimento de não impor qualquer limite para os avós.

Evite aproximações e gestos de reconciliação

Um erro que alguns pais cometem é que, ao perceber no filho um caráter adequadamente despótico, relaxam e se aproximam dele: fazem uma delicadeza, propõem algo agradável, tentam compartilhar um momento de confiança e intimidade. Afinal de contas, até o mais tirano dos filhos continua sendo uma pessoa com qualidades e aspectos positivos; além disso, é provável que a pessoa em casa se comporte como um demônio e, fora dela, como um bom amigo e até mesmo uma pessoa encantadora. Daí a tentação de apelar a essa boa parte de seu filho e tentar restabelecer a proximidade emocional. Grande erro, já que com isso você se arrisca a abrandar o tirano e até mesmo a restaurar a convivência nuns parâmetros de humanidade e proximidade incompatíveis com a despersonalização que exige o despotismo.

Neste ponto, convém fazer uma matização importante: os gestos de proximidade a que nos referimos não têm nada a ver com as respostas submissas ou destinadas a aplacar o tirano que comentamos anteriormente; estas sim continuam a ser indicadas, claro. Preparar um hambúrguer porque seu filho assim exige, dar-lhe dinheiro sob ameaça ou comprar-lhe sua colônia favorita para tentar evitar a briga que teriam se comprasse outra mais barata continuam sendo boas maneiras de alimentar o tirano. Do que você deve abster-se são os gestos gratuitos, iniciativas que não respondem a nenhuma exigência de seu filho ou filha, aqueles que não implicam ceder em nada, senão simplesmente mostrar que, apesar de tudo, você ainda continua a apreciar e a valorizar o que seu filho tem de bom. Por exemplo, surpreendê-lo um dia convidando-o a tomar uns chopes; ou preparar o seu bolo favorito precisamente nos dias em que ele não o exigiu; ou interessar-se em saber como foi o *show* de rock a que ele assistiu com a namorada. Essas são as abordagens emocionais que você deve evitar.

Como fazer para não cometer um erro nesses momentos de possível fraqueza? Acima de tudo, tente ver apenas o tirano, não o filho: concentre-se no negativo, alimente um ressentimento mudo contra ele, concentre-se em tudo que passou a desprezar nele. Esqueça aquela época de sua vida em que vocês se sentiram mais próximos; apague de sua memória as boas lembranças compartilhadas. Se ainda assim em alguma ocasião você se equivocar, se insinuar um gesto de aproximação ou lhe escapar uma delicadeza carinhosa, não hesite em corrigi-lo imediatamente. Como? Muito simples, justifique a sua iniciativa como uma forma de corresponder a seu filho, apresente-a como uma "recompensa", por ele ter se comportado melhor nos últimos dias. Isso irá fazê-lo perceber o seu gesto como uma tentativa de controle ou chantagem e que se revolte com raiva. O perigo terá passado.

Rosaura havia sofrido muito com as explosões de agressividade e respostas malcriadas de seu filho Abel, de 19 anos, mas lhe doía ainda mais que ele houvesse abandonado a escola para ganhar a vida como entregador de pizza. Por isso, em momentos de relativa calma, quando Abel se comportava de maneira adequada, ajudava em casa ou simplesmente estava na dele, quieto, ela aproveitava para recriminá-lo por ter "jogado sua vida fora" e feito seus pais "infelizes". Se em alguma das poucas ocasiões de harmonia familiar seu filho se aproximava e tentava lhe dar um beijo, ela afastava o rosto.

5

Termine o serviço

Se você seguiu a aplicação das ideias propostas no capítulo anterior, provavelmente já conseguiu que a situação tenha se tornado absolutamente insuportável. Seu filho terá se assenhorado da casa, seja por ameaças, coerção e violência, seja pela passividade e rigidez mais implacáveis. Quem sabe ele já está há meses trancando-se em seu quarto, deixando que lhe levem as refeições em uma bandeja e indo ao banheiro somente se não houver ninguém com quem esbarrar no corredor. Ou, melhor ainda, talvez ele entre e saia quando lhe dá na telha e mantenha você e outros membros da família confinados em seus quartos, tentando evitá-lo por medo de novas agressões. Talvez você tenha vendido a TV e penhorado as joias de sua mãe; talvez ele tenha espancado a irmã ou até mesmo forçado a garota a ir morar com a avó; talvez tenha uma plantação de maconha no quarto de hóspedes e conseguiu fazer com que você a regue. Se as coisas chegaram a esse ponto, o trabalho parece concluído. Tudo se encontra tão desequilibrado, o tirano se tornou tão forte que é quase impossível reverter a situação.

Entretanto, mesmo nessas circunstâncias extremas, permita-nos repetir mais uma vez: não relaxe. Mesmo nessa fase ainda há um risco de retrocesso. Como observamos no final do capítulo anterior, o seu filho já é um verdadeiro tirano, mas não apenas isso. É também uma pessoa com o seu valor e qualidades. E você está subjugado e dominado, mas a sua dignidade como pessoa e como pai ou mãe ainda está viva. É aí que reside o risco de reconexão, o perigo de que, por alguma infeliz concatenação de circunstâncias, a situação se reverta, você comece a colocar limites de forma pacífica, mas decidida, e a partir da clareza e firmeza tenha outra oportunidade de se conectar emocionalmente com o seu filho. O que seria um desastre. É por isso que nós oferecemos mais três estratégias para garantir que isso não aconteça, três medidas infalíveis para esconjurar definitivamente o risco de uma recaída.

Convença-se de que seu filho tem um problema mental... e aja de acordo

Trata-se de que você se convença de que o comportamento tirânico de seu filho é na verdade expressão de algum conflito profundo, um trauma não resolvido ou evidência de uma doença mental não diagnosticada. Assumir tal postura evitará a tentação de fazer algo diferente como pai ou mãe e lhe permitirá ceder aos caprichos do tirano que, em contrapartida, não pode ser considerado totalmente responsável por seus desmandos. Além disso, você achar que seu filho tem algum desequilíbrio interior profundo também facilita o princípio "deixe-se atemorizar" que apresentamos no capítulo 5: afinal de contas, se o tirano está transtornado, é imprevisível e, portanto, pode reagir de forma destrutiva ou autodestrutiva se você não se submeter aos seus desejos. Mais uma razão para ceder e aplacar.

Contudo, certamente lhe parece difícil convencer-se do que estamos propondo. Afinal, você passou anos se esforçando para transformar seu filho em um tirano, aplicando diversas estratégias para obter o resultado desejado, sacrificando-se pelo bem de seu filho. Como você vai pensar agora que, na verdade, o comportamento tirânico que ele exibe não é resultado de sua dedicação, mas simplesmente consequência de um distúrbio? Tem razão, parece difícil. E, de fato, convencer-se de que seu rebento tem "algo de errado na cabeça" seria mais fácil nos primeiros estágios de sua criação como tirano. Na verdade, é o que acontece cada vez mais nas sociedades ocidentais, graças a campanhas de *marketing* eficazes por parte das empresas farmacêuticas para as quais o aumento do número de crianças com TDAH ou de jovens com "transtorno de personalidade" constitui um suculento negócio.

> Quando conversamos pela primeira vez com os pais de Eva, uma pré-adolescente de 11 anos, a menina já estava há mais de um ano tomando um coquetel de psicofármacos: um antidepressivo, um ansiolítico e um antipsicótico em doses baixas. O que a levara à consulta com o psiquiatra infantil e à prescrição de medicamentos era o fato de Eva ter passado vários anos comendo muito pouco e enfrentando a mãe de forma cada vez mais aberta, primeiro em relação à comida e, depois, em outras questões. Na verdade, a situação entre as duas tinha chegado ao ponto de Eva dizer que a "odiava" e, com isso, a mãe se sentia completamente desamparada. O pai, que devido ao trabalho passava pouco tempo em casa, tentava apoiar a esposa o melhor que podia, mas não costumava estar presente nos momentos mais cruciais. O curioso neste caso é que, para os pais, havia uma prova irrefutável de que a filha estava "doente da cabeça": o fato de que a agressividade se manifestava somente com a mãe, ao passo que na casa dos avós, onde ela habitualmente comia todos os sábados, não havia absolutamente nenhum problema com a comida. Embora o psiquiatra não tivesse conseguido estabelecer um diagnóstico específico, os pais estavam felizes por sua filha pelo menos estar sendo tratada. Mesmo o problema não tendo melhorado nem um pouco.

Em todo caso, antes tarde do que nunca, diz o ditado, e mesmo em fases posteriores da educação do tirano, você pode adotar a crença útil de que na verdade ele está transtornado. Experimente e você verá que, surpreendentemente, não é tão difícil como temia. Basta apenas concentrar toda a sua atenção nas condutas adequadas, nas que você julgar mais suspeitas. Aquele olhar de ódio que às vezes escapa de sua filha não é como o dos psicopatas dos filmes? E essa maneira implacável de ter tudo controlado, amarrado, revisto... não é o que estava acontecendo com um obcecado Jack Nicholson em *Melhor é impossível*? Seu filho realmente não fica "fora de si" quando começa a esmurrar as paredes e quebrar coisas? Além disso, se você é bem-informado, se ouve entrevistas de rádio com eminentes psiquiatras, navega na internet à caça das últimas novidades ou assiste programas de televisão indicados, acabará persuadido de que, de fato, seu filho *deve* estar sofrendo de um grave transtorno.

Considere, ainda, que na verdade não é absurdo que o seu filho padeça de um problema mental. De fato, há uma pequena percentagem de jovens com comportamento abusivo que apresenta problemas dessa ordem. Então, por que o seu filho não poderia ser um deles? Aliás, convença-se de que, de fato, ele é um deles... e que lhe provem o contrário! É claro que ter um problema mental não justifica nem é motivo suficiente para um comportamento tirânico (a grande maioria das crianças e jovens com problemas mentais jamais chega a ser violenta), mas também não há necessidade de que você nem ninguém entrem em detalhes. Seu filho é um tirano porque está doente da cabeça e ponto-final.

Seja como for, o próximo passo é claro: renda-se e peça ajuda profissional adequada. Não a um terapeuta familiar, é claro (isso seria muito perigoso!), ou a um psicólogo que tentará ajudá-lo a mudar a forma como lida com o seu filho (algo também perigosíssimo!), mas a alguém que confirme a sua impressão de que algo está errado *dentro* de seu filho. Alguém que trate dele individualmente e que você só consiga ver na hora de pagar a consulta. Talvez um terapeuta que saiba cavar as profundezas do inconsciente de seu filho em busca de experiências traumáticas; essa opção tem a vantagem de levar um longo tempo de tratamento, tempo este que você ganha para não fazer nada e continuar contribuindo para a tirania de seu filho. Ou, melhor ainda, leve-o a um psiquiatra que não apenas confirme a origem interna do problema, como também saiba detectar as causas genéticas do transtorno e prescrever a medicação adequada. Quanto mais recente e mais cara, melhor. E quanto maior a dose, melhor também. É verdade que a medicação traz o risco de deixar seu filho sonolento e dócil, tornando-o mais passivo e reduzindo aqueles comportamentos agressivos pelos quais vocês trabalharam tão duro para construir. Mas pense que ter alguém sedado tampouco resolve alguma coisa, e então suponha uma compensação muito interessante: a medicação caracterizará seu filho como "doente" e, portanto, como "não responsável"... o que proporcionará tanto a ele como a você o álibi perfeito para possíveis desmandos futuros.

> Aitor, o caçula de cinco irmãos, era o único que continuava morando com os pais. Com 19 anos de idade, ele havia largado os estudos há quatro anos e, desde então, a cada novo ano letivo vinha se matriculando em um curso diferente. Invariavelmente, frequentava as aulas por duas ou três semanas, até que se cansava, começava a faltar e acabava abandonando o curso. Tinha começado a usar maconha aos 14 anos, e quando o recebemos pela primeira vez fumava no mínimo seis ou sete baseados por dia; passava as manhãs dormindo, as tardes jogando no computador e à noite saía com os amigos, com os quais havia começado um negócio de produção de maconha, que tinha ido por água abaixo quando eles deixaram morrer todas as plantas. Quando tiveram início os problemas, seus pais haviam tentado com algum sucesso impor limites sobre Aitor,

pelo menos em seu comportamento em casa. No entanto, em determinado momento, o conselheiro de sua escola o diagnosticou com "transtorno de personalidade limítrofe". Isso levou os pais a mudarem de estratégia e começar a transigir com o filho, por receio de "desequilibrá-lo ainda mais" se se opusessem às suas vontades. Quando o levaram a um psiquiatra, Aitor tinha conseguido um notável poder em casa. Foi prescrita uma medicação, que ele tomou por alguns meses, os quais passou sedado e passivo, mas mais tranquilo. Não demorou para ele deixar de tomar a medicação e retomar o seu comportamento anterior. Isso apenas trouxe a confirmação para seus pais de que seu filho tinha uma patologia complexa e os levou a ficarem ainda mais acuados.

Coloque seu filho em um internato ou ponha-o para morar com um familiar

Outra manobra adequada para evitar o risco de um retrocesso é colocar o seu filho em um internato "para jovens difíceis", expressando a louvável intenção de que ali lhe inculquem controle e disciplina ou, como se dizia antigamente, "para que o coloquem nos eixos". Se isso for demasiado oneroso do ponto de vista econômico (existem centros desse tipo que realmente cobram quantias exorbitantes), sempre lhe resta a opção de enviar o menino ou a menina para morar uns tempos com algum familiar, se possível longe.

A importância desse artifício reside no fato de que, aos olhos de seu filho, isso significa a sua desistência como progenitor, a abdicação de sua responsabilidade de educá-lo, o reconhecimento definitivo de que você se sente incapaz de encaminhá-lo. Além disso, no nível emocional, é provável que o seu filho perceba que foi abandonado e rejeitado, o que ajudará a consolidar o seu distanciamento dele. Se, além disso, você conseguir empregar essa medida de maneira adequada, ou seja, mais como uma forma de vingança ou punição do que como uma tentativa de mudar as coisas, facilitará que seu filho acumule ressentimento contra você e até mesmo tente se vingar no futuro.

Pode acontecer, é claro, de a temporada em um centro especializado ter o efeito contrário ao que você esperava e que seu filho adquira novos hábitos e comece a se comportar como uma pessoa civilizada e madura. Com efeito, é provável que assim seja: se o centro for bem organizado e bastante eficiente, certamente conseguirá impor doses consideráveis de controle e disciplina sobre o tirano. Inclusive, é possível que por alguns meses, e após o lógico período de adaptação, o seu filho se comporte no centro como um jovem modelo. Mas não se apresse. Os hábitos dependem do contexto e, portanto, é muito provável que, quando retornar ao lar, seu filho volte a exibir todas as condutas tirânicas que havia aprendido. Afinal de contas, não é que um bom tirano não saiba se comportar; sabe se comportar bem... mas escolhe não fazê-lo. Bastará que lhe deem um pouco de tempo para comprová-lo.

Mas, cuidado: existem alguns centros especializados que, além de "reeducar" os jovens, trabalham também com os pais, ensinando-lhes formas diferentes de tratar o filho e, inclusive, preparando-os para a fase do retorno ao lar. Tais centros são mais perigosos, já que a intervenção com a família pode chegar a modificar realmente os parâmetros da situação. Portanto, certifique-se de não internar seu tirano em um centro desse tipo; se o programa do centro incluir terapia familiar ou aconselhamento aos pais, esse aspecto deve ser apenas "para constar", de tal modo que a maior parte do tempo seja dedicada à "reeducação" individual do jovem.

Por último, deve-se observar que um benefício adicional da internação ou afastamento do filho é que há certa possibilidade de que essa "estada temporária" termine convertendo-se para o jovem em uma verdadeira porta de saída da família e que seu filho nunca mais volte a viver com você. Talvez o transfiram de um centro para outro, e de lá para um terceiro. Quem sabe termine instalando-se na casa da tia, e logo passe a dividir um apartamento (pago por você, é claro) com alguns amigos. Isso coroaria a carreira de seu filho como um tirano doméstico e a sua responsabilidade em sua criação estaria concluída.

Outros desfechos

A saída (ruim) de casa é o desfecho de muitas formações de ditadores domésticos. Há pais que inclusive arrematam esse final fazendo um último sacrifício pelo tirano: rompem todos os laços afetivos e começam a viver como se seu filho ou filha houvesse falecido ou simplesmente já não fosse seu. Esse verdadeiro "divórcio emocional", um misto de rejeição, ódio, aversão e, finalmente, indiferença para com o filho, pode acontecer até mesmo antes que o tirano abandone o lar e é uma forma eficaz de destruir qualquer possibilidade de reconciliação ou mudança.

Outra possibilidade, mais custosa para os pais, porém muito atraente para os filhos, consiste em que se produza a situação oposta: o tirano não abandona o lar paterno e, em vez disso, instala-se nele de forma permanente, explorando e maltratando seus pais durante anos, décadas ou até mesmo pelo resto da vida.

> Quando Pablo, que havia tiranizado seus pais durante anos, conseguiu entrar na faculdade de Medicina, seus pais pensaram, aliviados, que ele finalmente estava encaminhado. Entretanto, alguns anos depois, ele largou os estudos após levar bomba em várias matérias. Um forte desgosto amoroso nessa mesma época o levou a começar a evitar o contato social e à reclusão progressiva. Com já quase 40 anos, continuava na casa

> da mãe, sem nenhum tipo de renda própria e vivendo da pensão de viúva que ela recebia. Não ajudava nas tarefas domésticas e passava o dia assistindo televisão e escutando rádio. Só saía de casa para ir ao karaokê, três dias por semana, e, quando sua mãe recebia algum dinheiro extra, ele o tomava dela e usava para viajar por uns dias.

Deve-se reconhecer que essa opção também goza de uma popularidade considerável. Temos testemunhado muitas histórias como a de Pablo, histórias de homens e mulheres sepultados em vida no lar de sua família original, sendo parasitas de seus pais até idade muito avançada. Embora para os pais a situação seja desconfortável, eles sempre podem encontrar bons argumentos para manter o filho ou a filha em uma infância eterna: "Com essa crise, ele não teria como se sustentar", "Se vivesse só, sabe-se lá o que aprontaria", "Prefiro continuar cozinhando e passando a roupa para ele do que vê-lo vivendo nas ruas como um mendigo". Essa opção pode tanto combinar-se com a primeira que expusemos neste capítulo (já que, se o jovem precisa tomar remédios, continuar no lar paterno é uma forma de os pais certificarem-se de que ele os tome) como com a segunda (breves temporadas na casa de um familiar para que os pais recobrem as energias e possam resistir ao próximo *round* de imposições e maus-tratos).

Entretanto, ainda que manter o filho em casa por tempo indefinido seja uma forma legítima de continuar apoiando e cuidando do tirano, não recomendamos essa opção. Afinal de contas, como observamos na introdução do livro, entendemos que criar um tirano tem uma dimensão de compromisso social, de fazer uma contribuição aos tempos duros que vivemos. O capitalismo selvagem requer predadores que contribuam para consolidar a lei da selva em todos os níveis da sociedade. E, nesse sentido, manter o tirano em casa, sem compartilhá-lo com o restante da comunidade nem deixar que suas habilidades se apliquem a conhecidos, colegas ou empregados, é uma atitude pouco solidária, egoísta e, em última análise, um tremendo desperdício.

Epílogo

Caro leitor, se você seguir com rigor e paciência as orientações que apresentamos ao longo deste livro, é provável que tenha conseguido criar um bom tirano, talvez até mesmo o "tirano perfeito". Parabéns!

Mas é possível que, apesar de todos os seus esforços e dedicação, não tenha conseguido que seu filho demonstre atitudes despóticas nem comportamentos ditatoriais. Nesse caso, parabéns também!

Afinal de contas, o importante é que você o tenha tentado, com honestidade, comprometimento e dedicação. É por isso que lhe damos as nossas mais sinceras felicitações. Lembre-se de que, em se tratando de crianças e adolescentes, não há maneira de garantir o resultado: nós, pais, gozamos de uma importância crucial na sua educação e desenvolvimento, sim, mas há condicionantes biológicos e sociais que também exercem grande influência. O bairro, a escola, os amigos, os meios de comunicação... tudo isso igualmente educa e, amiúde, atrapalha a adequada criação dos tiranos. A boa notícia é que também podem contribuir para a sua formação. Esperemos que num futuro não muito distante todas essas instâncias contribuam também com seu grãozinho de areia para que as coisas evoluam na direção certa.

Apêndices

1 Como rechaçar ajuda

Os pais de um filho tirano nem sempre podem criá-lo sossegados. Ainda que uma porcentagem de tiranos domésticos se comporte com inteira normalidade fora do ambiente familiar, há muitos que mostram em sociedade as habilidades aprendidas em casa. E isso leva, às vezes, pessoas bem-intencionadas a se alarmarem com as condutas do menino ou menina e se arrogarem o direito de intervir, tentando ajudar e aconselhar os pais. Por isso, mesmo que você não procure ajuda, pode ser que a encontre sem pretender. Dedicaremos algumas linhas para descrever como livrar-se dela.

Se tais bem-intencionados que lhes oferecem conselhos são familiares ou amigos, não há problema. Será suficiente ignorá-los. Se isso não bastar, uma boa defesa é mencionar a falta de filhos de quem aconselha ("Pra você é fácil falar, você não tem filhos..."), a menor quantidade de rebentos ("Sim, claro, como você só tem uma filha, a coisa parece muito fácil; eu queria ver você com três crianças!") ou as diferenças entre uns e outros ("Não queira comparar; o seu filho é um anjo"). Ainda mais eficaz é responder criticando o interlocutor: a melhor defesa é o ataque, seja ao filho ("Olha quem está falando... Se você visse como o seu filho se comporta quando não está na sua presença...") ou aos pais (Claro, pra vocês é muito fácil, pois têm uma empregada que cuida de tudo..."). Se a coisa fica feia, não hesite em desqualificar quem o incomoda ou até mesmo recorrer ao insulto. Se for na frente do seu filho, melhor ainda.

Algo mais difícil de lidar são as queixas que você pode receber de um professor ou orientador escolar; afinal de contas, o colégio é uma instituição importante que pode chegar a exercer uma pressão considerável sobre você e sua família. Por isso, se algum profissional do âmbito escolar lhe chamar a atenção sobre o seu filho, você deverá manejar a situação com cuidado. Uma boa opção é salientar que o problema só acontece no colégio, transmitindo a mensagem de que é a instituição que não sabe lidar com a criança ("Mas eu não entendo, em casa ele é um verdadeiro anjo"). Você também pode procurar diluir a responsabilidade, sugerindo que no colégio deve haver más influências ("Ele se comporta tão bem em casa, não entendo por que volta do colégio sempre tão alvoroçado"). Uma opção ainda mais eficaz é reconhecer que há um problema para, em seguida, declarar a sua impotência e delegar toda a responsabilidade ao centro escolar ("Sim, fico feliz por você comentar isso, pois eu já não sei mais o que fazer. Fico feliz que vocês se encarreguem de cuidar do caso. O psicólogo do colégio é bom, não é? Tomara que ele consiga meter um pouco de juízo na cabeça dele"). Por último, há uma opção muito menos elegante, mas tremendamente eficaz, que consiste em ficar do lado do seu filho, defendendo-o a todo o custo e, de quebra, atacar o professor, desqualificando-o e até mesmo insultando-o. Como temos repetido ao longo do livro, a estratégia do "deixem-se dividir e o tirano reinará" é extremamente eficiente; nesse caso, que pais e colégio se enfrentem em vez de se apoiarem é uma receita quase certa para que o tirano triunfe.

2 Lista de livros não recomendados

Há no mercado um grande número de livros de autoajuda para pais, destinados a assessorar na educação de seus filhos. Já que normalmente o objetivo desses textos é que os filhos terminem sendo amáveis, responsáveis e felizes, sua leitura poderia ser perigosa para aqueles progenitores que, como vocês, tomaram a corajosa decisão de criar um tirano. Não se preocupe. Por sorte, a maioria deles é escrita de uma forma que dificilmente interferirá em seus propósitos. Além disso, algumas das orientações que fornecem (como, p. ex., o batido "dialogue sempre com o seu filho") podem até mesmo chegar a ser grandes aliadas na formação de um tirano, como temos mostrado.

De qualquer forma, há alguns textos que de fato constituem uma ameaça para a educação de um filho tirano, livros que oferecem informação e conselhos práticos que poderiam desencaminhá-lo. Passaremos, então, a descrever alguns dos que nos parecem mais perigosos. Não os leia. Não os compre. Nem mesmo se atreva a olhar para eles.

Há uma grande quantidade de livros dedicados a abordar de forma geral os diversos desafios que podem surgir na educação dos filhos. Entre eles, os mais contraindicados são, a nosso ver, os seguintes:

Título: *Préguntale a Supernanny. Las respuestas que todos los padres quieren saber*
Autora: Jo Frost
Editora: Planeta, 2006

Entre os livros dedicados a propor diretrizes de educação infantil, este é, sem dúvida, um dos mais perigosos. Baseado na bem-sucedida série da TV britânica, este oferece uma visão muito objetiva e clara dos problemas cotidianos que as crianças apresentam, de como os pais podem analisá-los e agir de forma eficaz diante deles. Ainda que esse texto não se concentre exclusivamente nos comportamentos tirânicos, o seu caráter didático, divertido e ameno o torna extremamente contraindicado, já que seus ensinamentos podem comprometer seriamente a formação de qualquer tirano. Ainda por cima, aposta em educar de forma positiva para fortalecer a autoestima das crianças em um contexto de carinho e confiança. Muito cuidado com ele!

Título: ***Com la mejor intención. Cuentos para comprender lo que sienten los niños***
Autora: Marisol Ampudia
Editora: Herder, 2010

Este pequeno e agradável livrinho é, de certa forma, complementar ao anterior, já que, em vez de propor diretrizes concretas de mudança comportamental, relata várias histórias que ilustram de que maneira se vão criando e consolidando os problemas de crianças e adolescentes. Mas por trás dessa aparência inofensiva se esconde um livro na verdade muito perigoso, divertido e bem escrito, que ajuda pais e profissionais a entender como suas tentativas bem-intencionadas de resolver uma dificuldade podem, muitas vezes, chegar a agravá-la... "com a melhor das intenções". Abra o olho e não o leia.

Título: ***El adolescente indomable***
Autor: Ángel Peralbo
Editora: La Esfera de los Libros, 2009

Esta obra, que se aplica tanto a crianças como a adolescentes, enfatiza como os pais podem melhorar a convivência com seus filhos. Utiliza exemplos de casos reais e por meio deles apresenta formas de proceder que ajudam os pais a resolver alguns problemas típicos na adolescência. Além disso, oferece conhecimentos básicos, porém imprescindíveis sobre essa etapa da vida, com alguns quadros claros e didáticos. Também nos parece perigosa a última parte do livro, que se concentra nos sentimentos dos pais tais como a culpa, a frustração ou a impotência e que proporciona ajuda para lidar com eles. Felizmente, é um livro denso e nem sempre fácil de ler.

Título: ***Un adolescente em mi vida***
Autor: Diego Maciá Antón
Editora: Pirámide, 2002

Este texto não foca exclusivamente nos adolescentes tiranos, mas fornece informação genérica acerca da adolescência, antes de oferecer algumas diretrizes educacionais. Propõe diversos exercícios para os pais, utilizando exemplos típicos como os tocantes à anorexia, à depressão ou às tentativas de suicídio. A nosso ver, a única contraindicação deste texto é que ele propõe exercícios passo a passo para que os pais possam mudar as suas emoções negativas em relação aos filhos, ou suas próprias ideias irracionais e paralisantes sobre eles; se fosse dedicado ao manejo do comportamento tirânico, poderia chegar a constituir um impedimento para sua adequada promoção.

Título: ***Cómo sobrevivir a sus adolescentes. Tirar o aflojar las riendas com hijos de 13 a 18 años***
Autor: Thomas W. Phelan
Editora: Medici, 2011

Este livro também analisa as dificuldades da adolescência, sem circunscrever-se ao comportamento tirânico, mas nos parece mais perigoso do que o anterior. Ajuda a diferenciar os comportamentos normais na adolescência dos que não o são, dá conselhos muito acertados de como agir e comenta as possíveis dificuldades que os pais podem encontrar na hora de colocá-los em prática, chegando inclusive a dar dicas de como resolvê-las. A parte mais irritante do livro, a que mais compromete o louvável propósito de criar tiranos, é aquela em que o autor não apenas analisa os principais erros que os pais cometem (que ele chama de "os quatro pecados capitais"), como também ousa propor alternativas concretas para substituí-los.

Título: ***¡Socorro! Tengo un hijo adolescente. Guía de supervivencia para padres desesperados***
Autores: Robert e Jean Bayard
Editora: Planeta Madrid, 2007

Este texto deveria ser absolutamente proibido aos pais que estão criando filhos tiranos. Os autores, que são casados e têm cinco filhos, analisam em detalhe os problemas que os adolescentes problemáticos podem apresentar e incluem nessa discussão observações acerca de como os pais se sentem diante deles. Não só se atrevem a propor aos pais diversos exercícios dedicados ao enfrentamento das dificuldades mais frequentes com adolescentes, mas também enfatizam que estes se vejam como "pessoas", e oferecem vários exercícios para que voltem a responsabilizar-se por suas próprias vidas. Entre as características mais nocivas desta obra é bom que se diga que, ao longo de suas páginas, ambos os autores se colocam constantemente no lugar dos pais, reunindo seus desejos, sentimentos e necessidades, solidarizando-se com seus dilemas e com suas dificuldades para levar a cabo suas decisões. Nem pense em lê-lo.

Entre os textos que se concentram especificamente nos filhos tiranos, há vários em especial que, em nossa opinião, convém que você evite:

Título: ***Pequeños tiranos. Cómo lograr que tus hijos pasen de ser niños desobedientes a adolescentes responsables***
Autora: Alicia Banderas
Editora: Libros Cúpula, 2010

Em uma linha similar ao *Préguntale a Supernanny*, este livro também é, infelizmente, muito claro e prático. Expõe quais são as características do comportamento das crianças tiranas e oferece o passo a passo de formas de proceder, acompanhadas de exemplos, para corrigir ou tentar extinguir comportamentos como falta de respeito, a raiva, a frustração. A autora tem também um programa de televisão sobre o tema, o que aumenta a possível repercussão e periculosidade do livro.

Título: ***Padres obedientes, hijos tiranos. Una generación más preocupada por la amistad que por su papel como padres***
Autores: Evelyn Prado e Jesús Amaya
Editora: Trillas, 2005

Os autores analisam como as mudanças sociais das últimas décadas geraram novos tipos de interação entre pais e filhos, e examinam a fundo as consequências de se educar os filhos assim ou assado. Esse convite à reflexão é, sem dúvida, contraindicado, uma vez que poderia até mesmo fazê-lo duvidar de sua dedicação em criar um filho tirano. Mais inconveniente ainda é o fato de que os autores se permitem inclusive propor estratégias específicas para ajudar os progenitores a serem "pais mais sábios que eduquem filhos mais humanos". Evite-o a todo custo.

Título: ***Los hijos tiranos. El síndrome del emperador***
Autor: Vicente Garrido Genovés
Editora: Ariel, 2005

Esse texto é destinado àqueles que têm filhos adolescentes muito problemáticos, que chegam a extorquir, ameaçar e bater nos pais até conseguir que cedam. O autor apresenta casos que permitem aos leitores reconhecer alguns dos sinais indicadores dos filhos tiranos e fornece explicações sobre por que uma criança ou adolescente pode chegar a ser tão violento. Felizmente, a maior parte do texto não oferece linhas de ação alternativas para os pais, dedicando-se mais a entender o fenômeno, em explicar como se chega ao problema e de que maneira a sociedade atual estimula a conduta despótica de seus membros.

Título: ***Antes que sea tarde. Cómo prevenir la tiranía de los hijos***
Autor: Vicente Garrido Genovés
Editora: Nabla, 2007

Este livro é complementar ao anterior. É destinado tanto a prevenir comportamentos violentos em crianças pequenas quanto a como agir quando as coisas já se complicaram. Seu maior perigo reside em que traz também uma parte prática que oferece diretrizes educacionais concretas que podem inviabilizar a criação de um tirano.

Título: ***El pequeño dictador***
Autor: Javier Urra
Editora: La Esfera de los Libros, 2006

Outro clássico para os pais, que aborda tanto as condutas ditatoriais dos adolescentes como os comportamentos que as anunciam e precedem na infância. Oferece uma visão global do desenvolvimento infantil e adolescente, analisa diferentes modelos de educação e diferencia as diversas posturas que os pais podem adotar perante seus filhos ("pais amigos", "pais exigentes" etc.). Após analisar os múltiplos problemas que podem surgir durante a adolescência, apresenta muitos casos práticos que permitem aos pais identificar-se com as situações que possam ocorrer e encontrar formas alternativas de lidar com elas. Um verdadeiro perigo.

Título: ***Psicoterapia de la violencia filio-parental. Entre el secreto y la vergüenza***
Autor: Roberto Pereira (org.)
Editora: Morata, 2011

Esta monografia recente oferece uma série de capítulos muito interessantes sobre diversos aspectos da violência de filhos contra pais. É, sem dúvida, um texto de referência, mas, felizmente, dirigido a profissionais, de modo que dificilmente interferirá no trabalho educativo dos pais.

Título: ***Non-violent resistance. A new approach to violent and self-destructive children***
Autor: Haim Omer
Editora: Cambridge University Press, 2004

Haim Omer é um verdadeiro especialista nas complexidades da dinâmica interpessoal em torno dos adolescentes violentos e autodestrutivos. Entretanto, este breve texto não se limita a fornecer uma descrição do problema e seu contexto relacional, mas se atreve a propor um programa bem-estruturado de intervenção, com uma variada gama de propostas de linhas de atuação. Todas as estratégias oferecidas aos pais são terrivelmente pacíficas e desagradavelmente não violentas, por isso, elas nos parecem totalmente contraindicadas a qualquer pai que deseje criar um filho tirano. Por sorte, trata-se de um texto dirigido a profissionais, não a progenitores (ainda que inclua um livreto para os pais), e tem uma enorme virtude: (ainda) não foi traduzido! Que sorte para os tiranos!

Insistimos que todos esses livros são basicamente contraindicados se você deseja criar um bom tirano. Claro que essas leituras não representam risco algum se você já tiver um pequeno ou grande déspota instalado em casa, com uma ditadura consolidada. Se a situação já é crônica, o único perigo seria a ajuda de um bom profissional. No apêndice seguinte explicaremos como evitá-la.

3 Onde não buscar ajuda

Se, caso já tenha conseguido criar um bom tirano, você se arrepender, não se preocupe: simplesmente espere o arrependimento passar, recorrendo, se necessário, às estratégias de "minimizar" e "justificar" que analisamos no capítulo 4. Se a situação persistir, é possível que você se veja tentado a buscar ajuda profissional. Ou talvez de alguma outra instituição (o colégio, a Vara da Infância e da Juventude) adequada à situação.

Nesse caso, lembre-se do que nós recomendamos no capítulo 5: recorra a alguém que lhe confirme que o seu filho tem um problema mental e que se disponha a intervir trabalhando unicamente com o menino ou menina. Se isso resultar numa longa psicoterapia individual ou na prescrição de psicotrópicos para o seu filho, você conseguirá manter a situação sem grandes alterações.

Seja como for, é fundamental que neste ponto do processo você evite o seguinte:

a) Contatar um bom terapeuta familiar. Na Espanha existem mais de mil terapeutas familiares credenciados e todos eles terão a tendência irrefreável de incluir você e seu cônjuge no tratamento do seu filho. Irão querer fazer coisas irritantes como eliminar formas de interação ineficazes entre vocês e seu filho e ensinar-lhes maneiras diferentes de tratar o tirano: com firmeza, mas também com proximidade, quebrando o silêncio em torno da violência, se houver, e mobilizando o apoio de sua rede social. Além disso, é possível que um terapeuta familiar consiga engajar seu filho na terapia e descobrir suas motivações para mudar. Como se isso não bastasse, os terapeutas familiares espanhóis tiveram a audácia de se organizar em uma Federação de Associações de Terapia Familiar (www.featf.org), por meio da qual fica relativamente fácil localizar um na sua região. Não faça isso!

b) Na terapia familiar, merecem uma menção especial os enfoques terapêuticos que têm sido amplamente pesquisados no tratamento de adolescentes e jovens adultos delinquentes e dependentes químicos. Com essa população bastante difícil, várias equipes de pesquisa têm alcançado resultados tão atrevidamente bons que organismos científicos como a American Psychological Association os consideraram "empiricamente embasados": a Terapia Familiar Breve Estratégica, de José Szapocznik e sua equipe em Miami; a Terapia Multidimensional, de Howard Liddle; ou a Terapia Multissistêmica, desenvolvida por Scott Henggeler e sua equipe. Todos esses programas de intervenção compartilham a filosofia de fortalecer os pais, criar uma colaboração estreita destes com os profissionais do centro escolar e as autoridades judiciais, e mobilizar, em última análise, toda a rede social em apoio à família. Como, além disso, todos eles têm publicações em castelhano (www.nida.org), o risco é duplo.

c) Você também deve ficar longe de qualquer associação de pais reunidos em torno do suposto "problema" da violência de filhos contra pais. É verdade que, frequentemente, as associações de autoajuda contribuem para agravar a preocupação com o problema e revolvê-lo ainda mais de forma ineficaz; e também é verdade que algumas dessas associações, ao receberem financiamento de grandes laboratórios, incentivam a medicalização dos problemas e tratamento com psicofármacos, o que pode contribuir para a criação de seu tirano. Entretanto, essas associações trazem, ainda por cima, grandes riscos: dão aos pais a oportunidade de compartilhar seus problemas e desabafar; permitem organizar pausas e revezamentos; são uma fonte de apoio social e validação emocional para os pais; e inclusive permitem que circule informação sobre como mudar as coisas ou buscar um tratamento eficaz. Por isso, é preferível que você, se quer completar com êxito a formação de um filho tirano, fique longe de grupos desse tipo.

Índice